APRENDER E ENSINAR COM TEXTOS

VOLUME
14

LITERATURA, COMUNICAÇÃO E EDUCAÇÃO

Dados Internacionais de Catalogação na Publicação (CIP)
(Câmara Brasileira do Livro, SP, Brasil)

Higuchi, Kazuko Kojima
    Literatura, comunicação e educação : um romance em destaque com a mídia / Kazuko Kojima Higuchi. — São Paulo : Cortez, 2008. — (Coleção aprender e ensinar com textos ; v. 14 / coord. geral Adilson Citelli, Ligia Chiappini)

    Bibliografia.
    ISBN 978-85-249-1453-9

    1. Comunicação 2. Crítica literária 3. Educação 4. Lins, Osman, 1924-1978 - Crítica e interpretação 5. Literatura - História e crítica I. Citelli, Adilson. II. Chiappini, Ligia. III. Título. IV. Série.

08-10152   CDD-809

Índices para catálogo sistemático:
1. Literatura, comunicação e educação : História e crítica   809

APRENDER E ENSINAR COM TEXTOS
Coord. Geral: Adilson Citelli • Ligia Chiappini

**VOLUME
14**

LITERATURA, COMUNICAÇÃO E EDUCAÇÃO

Um romance em diálogo com a mídia

KAZUKO KOJIMA HIGUCHI

LITERATURA, COMUNICAÇÃO E EDUCAÇÃO: um romance em diálogo com a mídia
Kazuko Kojima Higuchi

Capa: DAC
Preparação de originais: Elisabeth Mattar
Revisão: Flávia Almeida Brandão
Composição: Dany Editora Ltda.
Coordenação editorial: Danilo A. Q. Morales

Nenhuma parte desta obra pode ser reproduzida ou duplicada sem autorização expressa da autora e do editor.

© 2008 by Autora

Direitos para esta edição
CORTEZ EDITORA
R. Monte Alegre, 1074 — Perdizes
05014-001 — São Paulo - SP
Tel.: (11) 3864 0111   Fax: (11) 3864 4290
e-mail: cortez@cortezeditora.com.br
www.cortezeditora.com.br

Impresso no Brasil — dezembro de 2008

*Em memória de minha mãe,
Nobuko, exemplo de coragem.*

Agradecimentos

A Ligia Chiappini, orientadora do mestrado, amiga e estimuladora desta publicação.

A Adilson Citelli, pela leitura crítica e imenso trabalho na organização desta coleção.

A Sandra Nitrini, pelo auxílio em vários momentos da pesquisa.

A Helena Nagamine Brandão, Guaraciaba Micheletti, João Wanderley Geraldi, pelos seminários e orientações no projeto "A circulação do texto na escola".

Aos colegas do Estágio de Formação do Educador em Serviço (EFES), especialmente a Ana Bonato G. Yasuda, Beatriz Citelli, Eliana Nagamini, Maria Lucia Zoega de Souza, José Luiz Miranda, Conceição Aparecida de Jesus, Ynaray Joana da Silva, Patrícia Christina Montezano, Fernando Valeriano, Carla Lapenda Diniz, Maria Stella Aoki Cerri, Maria Madalena Iwamoto Sercundes, Ana Elvira Gebara, Luciano Biagio Toriello, Jafé Lima da Silva, pela troca de experiências no percurso do *Aprender e Ensinar*.

A Florianita de Oliveira, diretora do Centro Cultural Osman Lins em Vitória de Santo Antão, pelas informações e envio de material.

A Ângela, Litânia e Letícia Lins, pelo prazer de conhecê-las e conviver bons momentos no Colóquio Osman Lins — USP.

A José Paulo Paes, em memória, pelo curso de pós-graduação e pelos depoimentos sobre Osman Lins que direcionaram minha pesquisa.

A José de Souza Pinto Júnior, que faz leituras de obras clássicas para alunos de escolas públicas mostrando a importância da palavra.

Ao Prof. Dr. Ataliba Teixeira de Castilho, pelo depoimento sobre a atividade docente de Osman Lins.

Aos meus alunos da Escola Estadual Rio Pequeno que se envolveram no projeto "Machado de Assis em revista".

A Laura Maria Leôncio Martins, pesquisadora chefe do Centro de Documentação da TV Globo, pelo auxílio na pesquisa dos "Casos Especiais" da TV Globo.

A Rafael e Alexandre, meus filhos mais velhos, pelo auxílio na tecnologia de informação.

A Angelo, meu marido, e a Carlos Eduardo e Beatriz, meus filhos mais novos, por todo carinho e apoio.

Sumário

Apresentação de Sandra Nitrini 11

Introdução 14

Capítulo 1 — O escritor e seu tempo 19
   1.1 Literatura, mídia, mercado 33
   1.2 Leitores do futuro e do presente 37
   1.3 Osman Lins: dados biográficos 42
   1.4 Cronologia 43

Capítulo 2 — A atividade docente de Osman Lins 45
   2.1 Padre Antônio Vieira 46
   2.2 Gabriel Soares de Souza 47

Capítulo 3 — Meios de comunicação de massa 51
   3.1 Rádio e TV na tradição oral 52
   3.2 Imprensa e política 56
   3.3 Indústria cultural 63
   3.4 Televisão 66
   3.5 Publicidade 69
   3.6 Consumismo e escola 74

Capítulo 4 — *A rainha dos cárceres da Grécia*: as marcas
de um tempo 81
4.1 Resumo 81
4.2 Apresentação 83
4.3 Estruturalismo às avessas 84
4.4 O narrador e a polifonia 90
4.5 As maravilhas do mundo de Alice 93
4.6 Mundo marginal 101
4.7 O popular e o erudito 108
    4.7.1 Onomástica 111
    4.7.2 Futebol 116
    4.7.3 Provérbios e ditos populares 118
4.8 A mídia 119
    4.8.1 O rádio 120
    4.8.2 O jornal 121
    4.8.3 A publicidade 125
4.9 A questão da recepção 130
4.10 Mudanças 136
4.11 Educação 143
4.12 Conclusão 146

Bibliografia
1. Obras de Osman Lins 149
2. Publicações sobre Osman Lins 152
3. Obras gerais 157

Anexos
Anexo I — Machado de Assis em revista 167
Anexo II — "Casos especiais" — TV Globo 191

Apresentação

O motor principal de *Literatura, comunicação e educação* é, sem dúvida, a análise de *A rainha dos cárceres da Grécia*, romance de Osman Lins, publicado em 1976. Na sua leitura cuidadosa, envolta em acurada contextualização de constituintes fundamentais de sua tessitura temática, Kazuko Kojima Higuchi toca em aspectos fundamentais do romance e reafirma o comprometimento de Osman Lins com seu tempo.

No entanto, a estratégia de que se valeu a autora, em não poupar informações sobre o contexto da época, sobre o crescente papel da mídia na sociedade brasileira e sua repercussão junto às classes menos favorecidas, sobre questões gerais da leitura e da recepção literária e sobre a atuação de Osman Lins como professor de Literatura em uma instituição universitária, tornam-no, também, um livro de interesse abrangente, independentemente de todas essas questões configurarem como elementos internos de *A rainha dos cárceres da Grécia*.

Desse modo, o livro de Kazuko atende às expectativas de um vasto público de professores. Ao movimento entre informações abrangentes e leitura centrada do romance de Osman Lins, acrescenta-se o relato de uma experiência da autora como professora de Literatura em uma escola pública de São Paulo. Sob a forma de anexos, expõem-se várias leituras, por meio de adaptação a outras linguagens, de *Memórias póstumas de Brás*

Cubas, no âmbito do projeto "Machado de Assis em Revista". Assim apresentado talvez este anexo pareça excessivo. Mas tem sua razão para aí configurar: Kazuko inspirou-se em iniciativas pedagógicas do professor de Literatura, Osman Lins.

Literatura, comunicação e educação é um livro bem composto na sua totalidade. Mas a grande contribuição de Kazuko reside na leitura sensível e certeira do ainda pouco estudado romance de Osman Lins. Com fundamentação teórica pertinente e em dosagem adequada, propõe-nos uma leitura iniciadora de tópicos fundamentais, como "estruturalismo às avessas", "o narrador e a polifonia", "as maravilhas do mundo de Alice", "mundo marginal", "o popular e o erudito", "onomástica", "futebol", "provérbios e ditos populares", "mídia", "o rádio", "o jornal", "publicidade" e "a questão da recepção", para dar conta de *A rainha dos cárceres da Grécia*, cuja matéria é a leitura feita por um professor de Biologia do romance inédito, com título homólogo ao de Osman Lins, deixado por sua amante, Julia Marquesim Enone, já falecida.

O mérito deste livro é o de abrir caminho para outros leitores, sem se submeter a facilidades. Nada mais apropriado para fazer jus ao que tanto perseguiu Osman Lins no conjunto de sua obra literária, nos seus escritos de combate e na sua atuação como professor de Literatura Brasileira, no sentido de nunca repousar no já conquistado, de jamais ceder às acomodações intelectuais, além de não silenciar sobre seu tempo.

Literatura, comunicação e educação registra uma leitura própria, viva, atual que apresenta para um público mais amplo personagens marginais, como a escritora Julia Marquesim Enone e sua criação, Maria de França, heroína do romance dentro do romance, tão pungentes e densas quanto tantas outras personagens brasileiras, mas praticamente desconhecidas, por terem sido pouquíssimos os leitores que se propuseram a se dedicar a esta obra de Osman Lins. Desvenda uma arquitetura intrincada entre camadas reais e imaginárias do romance que se confunde com o ensaio do professor de Biologia, sob a forma de diário.

Adentra muitos outros aspectos instigantes, dentre os quais o papel da mídia e da cultura popular no mundo das personagens marginais deste romance, também eivado de referências eruditas e de alusões a acontecimentos da época em que foi escrito. Em suma, Kazuko Kojima Higuchi contribui para revelar muitos dos elementos da poética engenhosa e para realçar a dimensão social de *A rainha dos cárceres da Grécia*.

A publicação deste livro no ano em que se comemoram os 30 anos da morte de Osman Lins une-se a outras manifestações de seus leitores, num movimento sólido como resposta vigorosa à atenção que merece sua obra.

Dra. Sandra Nitrini*

---

* Professora do Departamento de Teoria Literária e Literatura Comparada da FFLCH da USP; autora dos livros: *Poéticas em confronto: nove, novena e o novo romance; Literatura comparada: história, teoria e crítica e melhores contos de Osman Lins* (seleção e apresentação).

Introdução

Ao ouvir Caetano Veloso cantando "Agora, que faço eu da vida sem você?" em um videoclipe veiculado pela TV, fiquei refletindo sobre o alcance da arte e da palavra. Essa música foi tema do filme *Lisbela e o prisioneiro*, baseado na peça teatral homônima escrita por Osman Lins há cerca de 40 anos. O diretor Guel Arraes que tem atingido, na televisão e no cinema, grande público, com *Auto da compadecida* de Ariano Suassuna, por exemplo, novamente conseguiu atrair público, nesse caso, com o teatro e com o cinema. Se uma parte do sucesso se deve à excelente direção e ao talentoso elenco formado por atores como Marco Nanini, Selton Mello, Virgínia Cavendish, Débora Fallabela, boa parte se deve à qualidade do texto em que se basearam essas produções. Os textos literários passam por leituras e releituras que os aproximam do público. As importantes produções cinematográficas, teatrais ou televisivas resultantes de leituras atualizadas de seus diretores e roteiristas, divulgam o texto inteligente, de qualidade, às vezes pouco conhecido pelo público, e dinamizam a procura do texto original provocando novas leituras. Há um movimento espiralado, nesse caso, compondo uma tradição literária, renovada a cada leitura.

As diversas leituras são divulgadas em um ritmo cada vez mais acelerado. A indústria fonográfica, a editorial, a cinematográfica, a televisiva e a informática concorrem para colocar inúmeros produtos à disposição do público. Há um diálogo cada vez mais amplo entre as diferentes linguagens potencializado pelo desenvolvimento tecnológico,[1] em uma intensa gama intertextual. Essa riqueza pode ser mais bem apreendida por nós, em sua complexidade, através do conhecimento dos textos originais, fundadores, nos quais a mídia busca referência. E a escola é um espaço privilegiado onde questionamentos sobre relações entre Literatura, Comunicação e Educação podem ocorrer, estimulando a formação de leitores mais competentes e de textos variados.

Osman Lins, autor de *Lisbela*, foi um escritor de vanguarda, previa as alterações sociais e culturais impulsionadas pelas potentes influências tecnológicas; procurava neutralizá-las embora ele mesmo, como homem de seu tempo, fizesse parte dessa transformação. Já na década de 70, período em que se iniciou o consumo massivo dos produtos culturais, escreveu uma obra de vanguarda, *A rainha dos cárceres da Grécia*,[2] cuja estrutura narrativa inovadora permite abordar diversas linguagens dentro da obra literária. Neste livro há um narrador, professor de Biologia, que se propõe a escrever um ensaio sobre *A rainha dos cárceres da Grécia*, o livro escrito por Julia Marquezin Enone, sua amada e falecida. O livro de Julia (*sic*) tem como personagem principal Maria de França, uma trabalhadora nordestina reivindicando pensão do sistema previdenciário. Esta composição, de um livro comentado dentro de outro, permite uma diversificação de focos narrativos, fugindo dos padrões narrativos tradicionais. Há também citações, notas de rodapé e inserções de textos jornalísticos que acabam pulverizando ainda mais os fios condutores da narrativa.

---

1. Os textos literários sofrem alterações ao passar para outra linguagem (cinematográfica, televisiva, teatral). O volume 11, *Literatura, televisão, escola: estratégias para leitura de adaptações*, de Eliana Nagamini, da Coleção Aprender e Ensinar com Textos, oferece subsídios para aprofundar o entendimento das adequações no caso das adaptações.

2. *A rainha dos cárceres da Grécia*. 2. ed. São Paulo: Melhoramentos, 1977.

O contexto político e o processo de massificação da cultura foram fatores, com certeza, determinantes na elaboração do romance. Enquanto a televisão encantava o público com a imagem, outras artes, através das palavras, enfocavam um tema comum, "falavam" sobre os desmandos da ditadura militar. O jornalismo e a literatura, embora de naturezas e objetivos diferentes, trocavam de função: algumas vezes o jornal publicava versos de Camões sinalizando aos leitores que alguma notícia havia sido censurada, enquanto a obra literária publicava fatos cotidianos no interior do livro, conseguindo driblar o censor por demandar um leitor mais culto, com mais fôlego de leitura. Muitos romances desse período incorporaram expedientes jornalísticos, suprindo, de certa forma, as lacunas do noticiário diário e promoveram inovações formais e temáticas, paradoxalmente em um movimento de distanciamento da massificação da cultura. Na indústria cultural, tudo se tornava passível de ser copiado exaustivamente, a própria obra ou um similar, seguindo a fórmula pronta para conseguir sucesso de vendagem. Se alguma camuflagem era necessária para escapar da censura, toda criatividade era fundamental para evitar que a literatura se transformasse em um mero bem de consumo, que Osman Lins combatia. Além de peças teatrais, escreveu várias obras que nos fazem refletir, obras que caminham, de certo modo, na contramão da indústria cultural ligada mais às facilidades e ao consumo. As reflexões que ele suscitou não perderam a atualidade e poderão nos auxiliar a entender a importância, hoje, da literatura, do livro, considerado difícil pela maioria dos leitores.

Habituados aos textos de leitura facilitada da mídia, raramente somos solicitados à leitura de textos mais complexos; mesmo em se tratando de literatura, obras como as de Paulo Coelho são as mais lidas. Como bem orienta Ligia Chiappini, o professor pode se servir da literatura mais complexa, mais elaborada, difícil mesmo, à primeira vista, para dar oportunidade a si próprio e a seus alunos, de desenvolver qualidades e capacidades que todos temos em princípio, de expressão, de reflexão e de fruição estética, o que, embora o mundo de hoje pouco reconheça, é uma dimensão da vida humana importante que tem a ver com o desenvolvimento do espírito e com a formação de um cidadão mais criativo, crítico, participante e, mesmo, feliz.

Conhecer as motivações que levaram o autor a escrever determinado texto auxilia-nos a enfrentar sua leitura e perceber melhor o processo criativo. O livro *A rainha dos cárceres da Grécia* é fruto das reflexões e experiências de Osman Lins. Seus livros foram traduzidos para várias línguas e têm reconhecimento internacional, todavia não é um autor muito conhecido pelo público brasileiro. Talvez a morte aos 54 anos, no ápice de sua carreira, tenha rompido o diálogo que ele procurava obstinadamente estabelecer com o povo brasileiro.

Osman Lins era escritor-professor-leitor. Como professor de Literatura instigava os alunos com propostas diferentes das usualmente desenvolvidas nos cursos de Letras, fazendo-os refletir e vivenciar literatura, na contramão da cultura de massa, de consumo fácil, mesmo valendo-se de recursos da mídia. Embora ele não tenha permanecido na docência por longo período, através da visão que tinha sobre ensino de literatura, práticas em sala de aula, questionamento de material didático, escolha dos textos, importância da leitura e escrita — visão sensível e aguçada da sociedade — Osman Lins deixou indicações de possíveis caminhos pautados pela interatividade e diálogo entre professor-aluno, literatura-mídia, presente-passado-futuro, escritor-leitor.

Pela importante contribuição à nossa cultura, considero fundamental conhecer sua biografia, seu pensamento acerca da importância do escritor em um país em desenvolvimento e, para os leitores envolvidos com a educação, também sua prática docente.

Antes de uma pequena biografia do autor apresento, no Capítulo 1, "O escritor e seu tempo", reflexões sobre o papel do literato baseadas nas ideias de Jean-Paul Sartre para que o leitor consiga perceber na biografia mais do que uma simples enumeração de fatos e datas. Em sequência, descrevo as atividades de Osman Lins como professor de Literatura e faço a análise de *A rainha dos cárceres da Grécia*. Além da análise, procurei resgatar o momento histórico da ditadura e de evolução dos meios de comunicação de massa no Brasil uma vez que a obra é constantemente permeada pelos acontecimentos desse período, em um diálogo constante entre literatura e realidade histórica. Para melhor entendimento, alguns aspectos presentes na análise do romance aparecerão em outros momentos por serem recorrentes.

Este livro, baseado na minha dissertação de mestrado, enfoca questões referentes à Literatura, Comunicação e Educação e pretende ser uma contribuição para divulgar a arte e o pensamento do escritor Osman Lins, mostrando que a literatura, como diz Ligia Chiappini, pode também servir como uma forma de denúncia e resistência contra as injustiças sociais, a banalização da vida pelo consumo passivo dos produtos divulgados pela mídia e possibilitar o encontro do prazer estético através de uma maior capacidade de leitura, até, quem sabe, estimular professores e alunos a serem escritores.

1
O escritor e seu tempo

Que é escrever? Por que escrever? Para quem se escreve? Esses questionamentos foram feitos por Jean-Paul Sartre contrapondo-se à tendência de época[1] de considerar apenas a obra, dissociada do autor e de seu tempo, ou seja, a arte pela arte. O filósofo tece reflexões mostrando que a prosa literária vem marcada pelo engajamento, defendendo-se dos críticos que condenavam sua postura acerca da função da literatura.

Assim ele se posiciona:

> (...) ao falar, eu desvendo a situação por meu próprio projeto de mudá-la; desvendo-a a mim mesmo e aos outros, *para* mudá-la; atinjo-a em pleno coração, traspasso-a e fixo-a sob todos os olhares; passo a dispor dela; a cada palavra que digo, engajo-me um pouco mais no mundo e, ao mesmo tempo, passo a emergir dele um pouco mais, já que o ultrapasso na direção do porvir. Assim, o prosador é um homem que escolheu determinado modo de ação secundária que se poderia chamar de ação por desvendamento. É legítimo, pois, propor-lhe esta segunda questão: que aspecto do mundo você quer desvendar, que mudanças quer trazer ao

---

[1]. Suas reflexões foram publicadas inicialmente em 1947, tendo como fundo histórico a Segunda Guerra Mundial e os horrores do nazismo e fascismo.

mundo por esse desvendamento? O escritor *engajado* sabe que a palavra é ação: sabe que desvendar é mudar e que não se pode desvendar senão tencionando mudar.[2]

O texto literário reflete o pensamento do escritor; mesmo quando as palavras são colocadas indiretamente através de personagens. As palavras têm peso.

"Para não dizer que não falei de flores",[3] música composta por Geraldo Vandré na época da ditadura militar, ainda cantada em momentos políticos significativos como foi o movimento de *impeachment* do presidente Fernando Collor de Melo, mostra a força da arte: "Quem sabe faz a hora, não espera acontecer", como diz a letra dessa música. Osman Lins tinha essa consciência, da importância da literatura como revelação de um anseio lastreado pelo tempo e pelo espaço, o aqui e o agora. Ele transformava a *palavra vivida* em *palavra encontrada*, forçando o leitor a desvendar o sentido na arte: "A função do escritor é fazer com que ninguém possa ignorar o mundo e considerar-se inocente diante dele".[4]

Podemos perceber, através dos ensaios de Osman Lins, que a situação de subdesenvolvimento do país o incomodava, sobretudo no aspecto cultural, uma vez que ele procurava fazer uma literatura de vanguarda para *seu povo* mas seus livros, provavelmente, não seriam lidos devido à grande barreira: o analfabetismo.

Na década de 70, a mídia, principalmente a televisão, vai se popularizar. Osman Lins reconhece nesse poderoso veículo de comunicação um não-aliado na luta para elevar o nível cultural do país como ele tanto almejava. Muitas são as dificuldades, mesmo com a divulgação das intenções do governo de

---

2. Sartre, Jean-Paul. *Que é a literatura?* Trad. Carlos Felipe Moisés. São Paulo: Ática, 1989, p. 20.

3. 2º lugar no III Festival Internacional da Canção da TV Globo, em 1968, perdendo para "Sabiá" de Chico Buarque de Holanda.

4. Sartre, Jean-Paul. Op. cit., p. 21.

democratização do ensino e a promulgação da Lei n. 5.692, em substituição à Lei de Diretrizes e Bases.

A experiência docente na Faculdade de Letras de Marília, atual UNESP, traz-lhe muitos percalços e ele acaba desistindo da cátedra. *A rainha dos cárceres da Grécia*, romance escrito neste período, aborda não só as questões de literatura e seu ensino, como funde as duas vertentes de sua produção, ensaística e de ficção,[5] numa síntese, resultando essa obra complexa, amalgamando literariamente os problemas emergentes.

Nessa época, o Brasil vivia o clima do *milagre brasileiro*[6], estimulado pela ditadura militar. Havia um ritmo crescente na difusão dos meios de comunicação de massa, a rede pública de ensino ampliada possibilitava o ingresso de crianças das camadas mais pobres da população na escola, o Mobral (Movimento Brasileiro de Alfabetização) prometia a erradicação do analfabetismo e esperávamos "o bolo crescer para dividir com a população".

As preocupações externadas por Theodor Adorno acerca da educação adquirem relevo se considerarmos esse contexto histórico. Para Adorno com, "a pressão do geral predominante sobre toda a particularidade, os indivíduos e as instituições individuais tendem a desintegrar o particular e o individual juntamente com sua capacidade de resistência"[7] e a educação "só teria pleno sentido como educação para a autorreflexão crítica",[8] tanto a educação desenvolvida na escola como uma educação no sentido mais amplo voltada para o espírito, a cul-

---

5. A análise crítica dos acontecimentos cotidianos era apresentada em seus ensaios jornalísticos. A literatura era, para ele, o lugar especial da arte.

6. Segundo Jennifer Hermann: "Período caracterizado por uma política monetária expansiva e por vigoroso crescimento da atividade econômica, acompanhado de gradual redução da inflação e do desequilíbrio externo". In: Giambiagi, Fabio e Villela, André (orgs.). *Economia brasileira contemporânea*. Rio de Janeiro: Elsevier, 2005, p. 70.

7. Adorno, Theodor W. Educação após Auschwitz. In: *Educação e Emancipação*, trad. Wolfgan Leo Maar. Rio de Janeiro: Paz e Terra, 1995, p. 122.

8. Op. cit., p. 121.

tura e a sociedade. Antonio Candido ressalta a importância das criações poéticas e ficcionais na formação do homem por atuar de modo subconsciente e inconsciente, nem sempre perceptível,[9] indo além do ponto de vista estritamente pedagógico.

Roland Barthes, interrogado sobre a possibilidade de ensinar literatura, responde que "só é preciso ensinar isso. (...) Ela encerra, através de textos muito diferentes, todos os saberes do mundo num determinado momento. É evidente que não é um saber científico, embora esteja articulado sobre os códigos científicos das diferentes épocas. Seria muito interessante fazer emergir o saber investido, por exemplo, em Balzac. (...) A *literatura* é, certamente, um código narrativo, metafórico, mas também um local onde se encontra comprometido, por exemplo, um imenso saber político. É por isso que afirmo, paradoxalmente, que só é preciso ensinar a literatura, porque dela se poderiam aproximar todos os saberes".[10]

Os escritos de Osman Lins revelam uma preocupação com o poder da mídia, concorrendo com a literatura e a educação na formação do homem, no sentido negativo, das facilidades implícitas, da imposição das ideologias prontas, do consumismo capitalista, do lazer imediato, no que tange ao leitor e, em relação ao escritor, o esquema da produção e circulação próprias dos meios de comunicação dificultaria a criação literária. Questões como estas, presentes no nosso cotidiano, já eram delineadas por Osman, em 1954: "Sabemos que a criação literária não se processa em minutos, mas em anos, e à custa de árduo, longo estudo. A urgência do rádio e da TV obriga a uma utilização do imediato, do que está nas camadas recentes da memória, nas capas exteriores da sensibilidade. Tudo com a noção da tarefa paga e a terrível consciência do efêmero, de compor frases que, segundo todas as probabilidades, não voltarão a ser ouvidas.

---

9. Candido, Antonio. A literatura e a formação do homem. *Revista Ciência e Cultura*, 1972.

10. Barthes, Roland. Literatura/ensino. In: *O grão da voz — Entrevistas 1962-1980*. Lisboa: Edições 70, 1981, p. 232-3.

(...) A literatura nasce da calma, do trabalho persistente e lento, de muitas recusas. Uma simples frase, a frase certa, final, pode exigir um dia de esforço ou mais. Pode consumir páginas de papel. E o lucro não conta para o homem que escreve o seu poema ou compõe o seu romance. Ele cumpre, tanto quanto possível, uma atividade independente".[11]

Mário Hélio[12] testemunha que "Osman, em nenhum momento, transigiu de princípios que considerava os mais legítimos para um escritor (daí não ser concessiva a sua prosa, nem a sua atitude nas intervenções culturais, ora como jornalista, ora como professor)" e conclui: "As lições que deixou nesses livros e na sua própria atuação como professor e jornalista serviriam até hoje para balizar o mundo das universidades e meios de comunicação, houvesse neles mais vida inteligente e menos acomodação e autocomplacência".

Como professor, Osman Lins constatou não ser possível transmitir o amor pela literatura como desejava. Após aposentadoria do Banco do Brasil, sua entrada tardia no magistério, sem prática docente, levou-o a traçar novas maneiras de conduzir o ensino de literatura provocando incompreensão na faculdade onde lecionava

> Luiz Carlos Monteiro explica: "A sua defesa de convicções, que jamais o abandonou, sempre produziu resultados extremados: um incidente com professores e dirigentes de uma faculdade paulista fez com que desse por encerrada a sua carreira de professor universitário, pouco tempo após uma defesa de tese de doutorado sobre Lima Barreto. O incidente originou-se do choque inevitável entre suas ideias, prática e concepções sobre o ensino universitário, com o desempenho insatisfatório daqueles

---

11. Lins, Osman. Os que procuram seus caminhos chegarão. In: *Evangelho na taba. Problemas inculturais brasileiros II*. São Paulo: Summus, 1979, p. 127, inicialmente publicado no *Diário de Pernambuco*, 30 mar. 1954.

12. Editor do Suplemento Cultural dedicado aos vinte anos de falecimento de Osman, *Diário Oficial de Pernambuco*, maio/jun. 1998.

que comandam e fazem, ainda hoje, o sistema educacional do país. Para aqueles professores, eram inaceitáveis a sua visão algo privilegiada e lúcida de escritor, somada a seu posicionamento crítico e atuante, e dissociados ambos dos cânones vigentes".[13]

Como um visionário, marcou não só sua atuação docente mas, principalmente, sua literatura. Em *Avalovara*,[14] romance anterior ao *A rainha*, Osman Lins inicia a introdução de manchetes jornalísticas em alusão direta às ações do governo militar.

Observemos, a seguir, dois trechos dessa obra, onde encontramos frases destacadas em itálico que, aparentemente, não têm relação de coesão e coerência textuais no parágrafo:

1.
Ubatuba, nesta quinta-feira de novembro, lembra uma cidade morta ou da qual fugiram os habitantes. O rosto de O, de perfil, adquire, à claridade fria da tarde, contra os vidros molhados do carro, uma transparência que o faz intocável e distante. Ergue-se nas mudanças de marcha o vestido: seus joelhos luminosos. Algumas casas antigas e de aparência nobre, também estas malcuidadas, assinalam um período ascendente e encerrado. *Castelo Branco adia sine die a execução de novas cassações de mandatos* (grifos do livro). Um ciclista, conduzindo varas de pescar, passa sob a chuva fria.
— Traí e ofendi. Se você conheceu o desespero, talvez concorde comigo, Abel: o desespero, em suas formas agudas, não é abstrato (p. 24).
2.
Atraídos pelo eclipse, vindos eu do Nordeste e ela do Centro-Oeste, confluem as nossas trajetórias na Terra de um modo não de todo estranho ao fenômeno celeste. Que idade terá? Questão enleante. Seu rosto, animado por uma fugidia lua interior e uma espécie de sede (observa com exaltação as réstias, as paredes, os

---

13. Monteiro, Luiz Carlos. A crítica de cultura que fez Osman Lins. In: *Diário Oficial de Pernambuco*, Suplemento Cultural, op. cit.

14. *Avalovara*. 5. ed. São Paulo: Companhia das Letras, 1995.

sons, o interior das casas), oculta outro ser, velado e pressentido. Outro ser: obstinado, multiplicador, jacente, dilacerado, rumoroso, enigmático e que me contempla de outra clave do tempo, açulando minha inclinação por **tudo que gravita, como os textos, entre a dualidade e o ambíguo** (destaques meus). Presidem este encontro o signo da escuridão — símile de insciência e do caos — e o signo da confluência: germe do cosmos e evocador da ordenação mental. Terra, espaço, Lua, movimento, Sol e tempo prepara a conjunção da simetria e das trevas. *Marechal Costa e Silva apoia o voto indireto* (grifos do livro).

— Os iólipos nunca têm irmãos mais novos do que eles. Tornam para sempre estéril o ventre onde são gerados (p. 32-3).

As frases provocam, inicialmente, um estranhamento pelo tipo de letra, como se fossem inseridas artificialmente; porém, observando o campo semântico do trecho onde as frases aparecem, percebemos que há um clima difuso que estabelece, de certo modo, um nexo com o regime político da época (cidade morta, mudanças de marcha, período ascendente e encerrado, trair e ofender, desespero, observar o interior das casas, obstinado, multiplicador, jacente, dilacerado, rumoroso, enigmático, dualidade, eclipse solar). Castelo Branco aparece citado logo após a expressão "período ascendente e encerrado", período esse que poderia ser interpretado como antecedente ao regime militar, ou seja, de democracia, iniciado com Getúlio, eleito, e posteriormente de euforia no governo de Juscelino, "período ascendente". Marechal Costa e Silva vem precedido da palavra "trevas" que nos faz associar ao período negro de suspensão das liberdades individuais. As duas frases destacadas em itálico parecem sinalizar para esta interpretação. Segundo o próprio narrador, os textos gravitam entre "a dualidade e o ambíguo", as palavras e frases não têm somente um sentido; na literatura elas adquirem uma força polissêmica. O romance analisado insere-se dentro de um senso que orientava os escritores a registrarem, através da literatura, a história que se desenrolava e ainda não havia sido escrita.

Flávio Aguiar, referindo-se aos romances da época, afirma: "estamos diante de livros que procuram suprir uma história que não foi narrada sequer na sua singularidade. O jornal é o mundo da singularidade, procura relatar os fatos do dia-a-dia. Mas nem por isso sequer foi narrado, e este fato está presente na consciência de todos estes narradores. E aí estou falando dos narradores mesmo. Pode estar no Paulo Francis, no Callado, mas está presente na consciência dos narradores fictícios, ou das personagens deles. Inclusive, no caso do Callado, é significativo o fato de que boa parte do romance, embora imite a construção do jornal, seja redigida em forma de diários e bilhetes íntimos, até. O sujeito que procura narrar a intimidade da história".[15]

A história que se desenrolava, noticiada pelos jornais como a censura permitia, ganha um outro *status* quando publicada nas obras literárias. Segundo Davi Arrigucci Jr., se o repórter policial de um jornal "não podia dizer tudo o que pensava, nem a reportagem tinha a importância, no contexto do jornal, que teve o livro. Aí ainda funciona um pouco a aura da literatura. A mesma coisa colocada no contexto do jornal tem menos impacto do que a literatura. Quando ela se estendeu ao público teve muito mais impacto".[16]

É evidente essa intenção de transportar fatos do cotidiano para o livro, em *Avalovara*. O destaque de frases pela mudança de letra como nos trechos analisados aparece em outros momentos, sempre fazendo referência ao regime de governo e aos acontecimentos divulgados pela mídia:

> 1. Caberá ao Congresso decidir se as eleições de 1970 serão diretas para governadores e presidente da República (p. 73).
> 2. Decreto do marechal Castelo Branco unifica sob a denominação de INPS os institutos de aposentadorias e pensões (p.96).

---

15. Aguiar, Flávio. In: Arrigucci Jr., Davi. *Achados e perdidos*. São Paulo: Polis, 1979, p. 91.

16. Arrigucci Jr., Davi. Op. cit., p. 107.

3. Que será do país se João Goulart fizer o plebiscito e restaurar como quer o presidencialismo? (p. 113, sem itálico).

4. Gemini XII bate recorde no espaço e encerra com êxito sua missa (p. 160).

5. Presidente da República baixa mais dezenove decretos-leis (p. 192).

6. Cassações e suspensões de direitos políticos: aguarda-se nova lista ainda hoje (p. 261).

7. Sob a opressão, os atos mais simples, comprar um selo postal ou alegrar-se, são atingidos e transformam-se em núcleos de interrogações. Toda alternativa faz-se dilemática e nenhuma opção pode desconhecer isto. Mais: mesmo sendo a opressão um fenômeno brutal, o peso e o significado dos atos, na sua vigência, crescem na medida em que abrangem o domínio do espírito. Segue-se que o ato criador é particularmente exposto a tal emergência (p. 264).

8. Concluída com êxito missão da Gemini XII.
Sodré: surge uma nova democracia (p. 276).

9. O presidente Castelo Branco, rodeado de crianças, concede autógrafos no V Salão do Automóvel (p. 286).

10. Parlamentares acatam os atos punitivos de Castelo Branco. Renuncia o presidente da Câmara (p. 318).

Essas frases retiradas do contexto do livro, assim dispostas, vão além das manchetes, aproximam-se do *lead* jornalístico, explicitando o "quem, quando, onde, como e por quê" da notícia. Pela sequência, temos uma visão do que acontecia durante o período militar.

Em relação ao momento em que a obra foi escrita, transparece uma preocupação que era comum a outros escritores da época como em Antonio Callado com *Reflexos do baile* e Ignácio de Loyola Brandão com *Zero*, ou seja, preocupação em registrar os acontecimentos emergentes, mesmo que através de alusões. Davi Arrigucci Jr., em *Achados e perdidos*, ressalta que, impossibilitados de relatar toda a informação que lhes chegava, os jornalistas (Osman Lins também escrevia para os jornais) recorriam a mecanismos que deixavam subentender a notícia; uma receita culinária publicada no jornal *O Estado de S: Paulo* revelava uma ação da censura oficial que existia naquele período de ditadura militar.

Acerca disso escreveria Hermilo Borba Filho, em uma de suas cartas a Osman Lins "Esta será a maneira de ser publicado apenas o que o governo acha que pode ser publicado. É uma sufocação total da literatura. Não vamos ter vez. Estamos vivendo os últimos tempos de autores independentes, ainda independentes" (Recife, 9/10/1972).[17]

Renato Franco denomina a produção literária desse período de "romance da cultura da derrota", por refletir o sentimento de impotência diante da repressão estatal fortalecida com o AI-5. "Na vida cultural, além do súbito rompimento com a política e a história, predominou uma atmosfera experimental que, se em alguns casos teve consequências estéticas positivas ou logrou construir formas até então inusitadas de contestação, em outros gerou apenas um surto fértil e inconsequente da busca da novidade, o que pode ser um dos modos de se romper a tradição para apressar a adequação da cultura às exigências do processo de modernização. Opção, sem dúvida, hegemônica nesses anos difíceis: provavelmente, ela atesta o temor dos produtos culturais em se defrontarem com a censura que, afinal, criava dificuldades reais para a sobrevivência material do artista ou do intelectual".[18] O sentimento de derrota não provém apenas da ditadura que sufocava a produção cultural; o vigor com que os meios de comunicação de massa se impunham na sociedade induziu, certamente, a um questionamento sobre o papel da literatura. A experimentação dos escritores seria uma forma de oposição.

---

17. Trecho da carta endereçada a Osman Lins publicado no *Diário Oficial de Pernambuco*, Suplemento Cultural, op. cit.

18. Franco, Renato. *Itinerário político do romance pós-64: a festa*. São Paulo: Editora da UNESP, 1998. p. 71-72.

É importante notar que *A rainha dos cárceres da Grécia*, publicado em 1976, foi escrito nos primeiros anos da vigência do AI-5, promulgado em 1969. Osman Lins foi tecendo, no romance, acontecimentos da vida real na trama da ficção, a cronologia de cada capítulo coincidia com o dia real em que fora escrito, tendo, no total, a duração de quase dois anos. É uma obra de complexa estrutura, como explicado anteriormente, em que o personagem vai escrever um ensaio sobre um romance escrito por Julia Marquezin Enone, sua amante, intitulado *A rainha dos cárceres da Grécia*, homônimo do livro escrito por Osman Lins. A personagem central do romance de Julia é Maria de França, uma trabalhadora requerendo pensão do INSS, noiva de Dudu, um jogador de futebol. O trecho a seguir, com destaques meus, ilustra o processo de tecer literariamente elementos da realidade brasileira na constituição dessa análise ensaística:

5 de novembro
Denúncia, acusação e expulsão, atos ligados ao **indicador**, dedo de Júpiter, dominam o **capítulo V**. Denuncia-se o defloramento de Maria de França, Dudu é **acusado de cumplicidade** com **assaltantes**, de *dopping*, perde o emprego, sua noiva é **expulsa** de casa pela mãe e ele, tuberculoso (os pulmões, com as artérias e o tato, incluem-se na área de influência de Júpiter), sai do "Torre", sai da cidade e perde o convívio com os sãos, **matando-se afinal com um tiro** (o indicador, dedo do gatilho).
Conjugam-se, ainda, na última cena do livro, **denúncia, acusação e expulsão** quando o anônimo, projeção de Maria de França, esmaga a mão direita. Destruindo a própria mão, o homem exclui-se, elimina-se do universo *útil*, produtivo e ao qual não quer mais pertencer. O gesto denuncia, numa espécie de síntese, a **insensibilidade das classes dominantes**, expressa no embate de Maria de França com a Previdência Social, que o livro desenvolve. Enquanto a mão **direita**, no consenso geral, envolve a ideia de utilidade no trabalho e na tradição cristã a de misericórdia, a **esquerda** — também chamada mão do rigor — simboliza a justiça. A acusação, pois, expressa-se através de um **agente investido do poder de julgar**, a mão esquerda, com o que adquire ainda maior intensidade. Podemos aduzir que, na mão direita esmaga-

da, a complacência também morre. O movimento final de Maria de França em direção à pedra, **instrumento da execução**, não é fortuito: ela assimila o gesto do personagem sem nome, resposta individual a **uma estrutura que ignora simultaneamente a justiça e a misericórdia** (p. 54-55).

Considerando o regime de governo, a alusão ao clima de denúncia, acusação e expulsão (e morte), sob a vigência de atos institucionais, aí se evidencia.

Vários foram os atos institucionais, entretanto com o Ato Institucional n. 5 (AI-5) houve o acirramento do regime militar e o fim da liberdade de expressão. Não é por mero acaso que, no livro, a anotação do **dia 5** inicia-se com: *Denúncia, acusação e expulsão dominam o capítulo* **V**. Dudu é acusado e sai da cidade perdendo o convívio dos demais, o dedo que aponta (até na delação), e por isso mesmo denominado indicador, é o responsável pela morte. Na vida real, o impacto que o AI-5 ocasionou (e a motivação de constar no romance) pode ser avaliado pelo registro de Maria Helena Capelato: "Um dia após a decretação do novo Ato, a Coluna do Castelo (*Jornal do Brasil*) comentou-o: "Ele é completo e não deixou de fora aparentemente nada em matéria de previsão de poderes discricionários expressos (...) A medida estacou todas as fontes políticas de resistência ao governo, não deixando nenhuma válvula". No dia seguinte, a coluna não apareceu no jornal. Seu autor, o jornalista Carlos Castelo Branco, foi preso".[19]

Michèle e Armand Mattelart[20] registram e analisam a edição do AI-5:

Após o golpe de Estado que derrubou o presidente João Goulart, a 31 de março de 1964, coube ao Brasil dos militares o triste

---

19. Capelato, Maria Helena R. *Imprensa e história do Brasil*. 2. ed. São Paulo: Contexto/EDUSP, 1994, p. 55.

20. Mattelart, Michèle e Armand. *O carnaval das imagens: a ficção na TV*. São Paulo: Brasiliense, 1989, p. 50.

privilégio de inovar em matéria de legislação da comunicação: o famoso Ato Institucional n. 5, o AI-5, foi promulgado em setembro de 1969. Esse decreto-lei constituiu durante dez anos o texto fundamental do regime autoritário. Nele buscarão inspiração outros Estados militares latino-americanos.

Todo cidadão se tornava num suspeito a partir dessa data. Calcada sobre a doutrina da segurança nacional, esta legislação supraconstitucional tornava permanente o estado de exceção: eliminava os partidos e os sindicatos, anulava os direitos sociais e políticos fundamentais, amordaçava a imprensa. O delito de imprensa passou do direito comum a ser crime político, bem como a greve, proibida em todo território nacional. O ato de "subversão" foi definido como o fato "de ofender moralmente uma autoridade por espírito faccioso e de não-conformismo social.

As consequências desse Ato foram devastadoras. As palavras passaram a ter um peso antes desconhecido, tinham o poder de provocar a perda do emprego, a cassação política, a prisão e a morte. Daí a precaução dos escritores e a urgente necessidade de registrar os desmandos, como foi dito anteriormente.

Agora fica mais evidente, o parágrafo que trata de denúncia, acusação e expulsão, até a referência ao capítulo V. Lembrando que em *Avalovara*, o romance anterior, Osman Lins colocava desafios, enigmas, para serem desvendados: o escravo que precisava descobrir uma estrutura palindrômica para obter sua liberdade ou o engenheiro disposto a fabricar um relógio que não repetisse a música do carrilhão, não seria aqui, um desafio para os leitores descobrirem os possíveis nexos entre as palavras, à semelhança dos móbiles, tão em voga naquela época, que poderiam ser visualizados de diversas maneiras dependendo do ângulo do observador?

Além da alusão às ações de censura, o trecho anteriormente transcrito da página 54-55 do livro *A rainha dos cárceres da Grécia* enfoca, em primeiro plano, o problema de Maria de França, uma mulher pobre, doente e nordestina, que não consegue obter o benefício do INPS (Instituto Nacional de Previdência Social). Se a Previdência Social não acolhe os necessitados, qual é o sentido da existência desse instituto? Como face da mesma moeda, mostrando a realidade do povo brasileiro, aparece imbricado o autoflagelamento do trabalhador que reflete a recusa em se considerar elemento do processo produtivo, descarta-se para não ser descartado. Se Balzac fez um grande painel da sociedade francesa com todos os volumes de sua *Comédia humana*, Osman Lins mostra um retrato da sociedade brasileira condensado nesse romance.

Assim se pronunciou Osman Lins, por ocasião da publicação de *Nove, novena*: "O verdadeiro trabalho de ficção reflete sempre, com profundidade, os problemas mais íntimos do autor, suas angústias, suas alegrias, suas preocupações, sua vida. Não é necessário que os acontecimentos narrados sejam transposições de acontecimentos vividos pelo próprio autor. Mas, no mínimo, são símbolos desses acontecimentos. Símbolos de tudo que preocupa o escritor", concluindo que na obra "reflete-se a minha verdade. O que sou, o que vejo, o que sinto".[21] Em *A rainha*, seu posicionamento aparece de forma mais marcante; é quando a obra literária procura cumprir as funções referencial e conativa em proporção similar à função poética, devido à inserção de sua ensaística na literatura, como já foi dito.

Ainda em *Avalovara* encontramos um trecho grifado em itálico pelo autor que pode servir para esclarecer mais sua posição frente aos acontecimentos, de registrar, de alguma maneira, o que julgava relevante.

> *Vi? Vejo: o tempo e o tempo, as duas faces. Tempos. Vejo e aflijo-me: não tenho meios para expressar. Entretanto, mesmo sabendo ser inútil, devo tentar — um sinal —, pois ver e não dizer é como se não visse. Um sinal* (p. 32).

A expressão "as duas faces" deixa subentendido que há dois aspectos em oposição acontecendo simultaneamente, não

---

21. Lins, Osman. Os sem-repouso no mundo. In: *Evangelho na taba. Problemas inculturais brasileiros II*. Op. cit., p. 134.

em um tempo em continuidade, ou seja, uma história oficial (um tempo), claramente expressa e a história real (outro tempo) difícil de ser contada.

Renato Franco explica que "aos poucos, o romance intensifica a percepção crítica acerca da condição do país e de sua posição na cena internacional: ele elege como matéria a complexidade da vida presente. Para lograr representá-la, é forçado a buscar, nos mais diversos elementos culturais da atualidade, os meios e os modos necessários para tal representação. Essa postura manifesta tanto o desejo de testemunhar a dinâmica do período como o de constituir uma visão diversa e crítica desse processo, investindo assim contra a história oficial — atitude de fundamental importância para a grande ficção da década seguinte",[22] ou seja, de 70.

1.1 Literatura, mídia, mercado

A literatura, no Brasil, esteve muito ligada ao jornal. Dada a dificuldade do escritor viver unicamente da publicação de suas obras, ele exercia funções no magistério, nos cargos públicos ou nos jornais. Olavo Bilac considerava que o jornal era para todo escritor brasileiro um grande bem, o único meio do escritor de se fazer ler. Muitos escritores iniciavam sua carreira escrevendo para os jornais, obtendo, além da renda, prestígio social que abriria as portas para suas publicações.

O jornal, segundo Renato Ortiz, órgão voltado para a produção de massa, "se transforma em instância consagradora da legitimidade da obra literária"; não há, entre nós, "antagonismo entre uma cultura artística e outra de mercado: literatura se difunde e se legitima através da imprensa".[23]

---

22. Franco, Renato. Op. cit., p. 38.
23. Ortiz, Renato. *A moderna tradição brasileira: cultura brasileira e indústria cultural*. 5. ed. São Paulo: Brasiliense, 1955, p. 29.

Eliana Nagamini mostra uma interação inversa entre o jornal e a literatura nem sempre conhecida, a imprensa necessitando da literatura para garantir a vendagem (atualmente é comum a mídia se ancorar em um referencial da literatura como foi dito). No início no século XIX, o jornal conhecido como folhetim, de custo mais baixo, começou a circular trazendo como novidade a literatura aos pedaços. "O romance-folhetim era uma das estratégias de venda do periódico, pois servia de chamariz para os leitores ao utilizar determinados recursos para prender a atenção."[24] O texto literário denominado romance-folhetim era, então, publicado em capítulos no jornal, com cortes nos momentos de suspense, prendendo o leitor para a próxima edição, como fazem as novelas de TV atualmente, fazendo a captação da clientela para garantir a vendagem. Muitos escritores como Honoré de Balzac (França), Alexandre Dumas (França), Manuel Antônio de Almeida (Brasil), entre outros, escreveram para folhetins.

Na década de 70, o Brasil parte para um desenvolvimento econômico relegando a plano inferior a formação cultural do indivíduo; tecnologia e *know-how* eram as palavras de ordem. Osman Lins observou que muitos escritores, para sobreviver, exerciam outras atividades, ligadas ao jornalismo, ao magistério ou à burocracia, fato que ameaçava "a liberdade em que deve ser engendrada e cumprida a sua obra". No caso da docência como atividade paralela, situação vivida por ele, acrescenta que "são onerosas ao livre desenvolvimento dos criadores de literatura as inúmeras leituras a que se vê obrigado um professor, fora de seus interesses urgentes e essenciais, para bem exercer o magistério".

Flávio Aguiar, em "O escritor: de amanuense a jornalista", também destaca essas novas condições de produção do escritor que o impedem de dedicar-se com mais empenho à literatura

---

24. Nagamini, Eliana. *Literatura, televisão, escola: estratégias para leitura de adaptações*. São Paulo: Cortez, 2004, p. 33.

e aponta a existência de uma crise do escritor no Brasil em transformação:

> O primeiro movimento (...) — crise da escrita e do escritor — está ligado a uma crise do pensamento liberal no Brasil de hoje — pelo menos no Brasil literário. Não faz muito tempo os horizontes do escritor brasileiro — numa imagem que não é necessariamente pejorativa — eram os de ser o amanuense encarregado de escrever liberalidades sobre o mundo, sentado no alpendre da Casa Grande da família patriarcal brasileira. O lugar variava: havia os que decididamente se sentavam no trono do patriarca, os que ficavam um pouco ao lado, à direita, à esquerda, na frente, nos fundos, nos degraus ou meramente acocorados no terreiro. Havia até os moleques esporádicos que, como Graciliano Ramos e Lima Barreto, arriscavam escapar até a Senzala, ou mesmo ver detalhes da Casa Grande, cada vez (ela) menos liberal, menos propensa a aceitar liberalismos. Em poucas palavras: se havia a tendência do escritor, para o seu sustento, era o remanso do funcionalismo, da diplomacia ou qualquer outra prenda pública; hoje aumentou consideravelmente o número de jornalistas (como é o próprio Ivan Ângelo), de livre-atiradores e aventureiros, de gente que tem menos tempo para castigar o estilo e a vida mais exposta para vê-la como o mosaico descontínuo de uma página de jornal.[25]

Esta crise também é parte integrante da crise que acomete Osman Lins. A arte literária demanda um certo tempo, entretanto as necessidades cotidianas dificultam essa disponibilidade.

Na SBPC — Sociedade Brasileira para o Progresso da Ciência — em 1979, cujo tema em debate era a crise da atividade intelectual brasileira, a alteração do quadro geral das ciências, Roberto Schwarz[26] ressaltou a mudança do senso comum idea-

---

25. Aguiar, Flávio. O escritor: de amanuense a jornalista, "crítica de *A festa*, de Ivan Ângelo, in: *A palavra no purgatório — literatura e cultura nos anos 70*, São Paulo: Boitempo Editorial, 1997.

26. Schwarz, Roberto. Comunicação à SBPC em 1979. In: *Que horas são?* São Paulo: Companhia das Letras, 1987, p. 158-9.

lista para o senso materialista; apontou a dependência econômica, tecnológica e política do espírito como consequência do aprofundamento do capitalismo que acabava tolhendo o senso crítico e a criatividade. Considerando que a produção intelectual (mídia, por exemplo) vista como processo coletivo estaria provocando conformismo. Lembra que "a experiência do indivíduo, com o seu componente de diferenciação e espontaneidade, é um elemento também do processo social, e talvez um daqueles que hoje é mais necessário aprofundar. (...) O mesmo vento sopra no campo literário, onde contudo a reflexão sobre as condições da escrita está servindo — não deveria servir, mas creio que frequentemente está servindo — de álibi para uma produção ideologicamente conformista, intelectualmente tímida, ou simplesmente voltada para as necessidades dos veículos de massa".

Schwarz é muito crítico: "É claro que é fácil encontrar desculpas históricas, enumerar condições brasileiras desvantajosas, tais como a pouca tradição literária, a formação deficiente dos escritores, o público reduzido e ignorante, os efeitos do imperialismo sobre a cultura, dificuldades de publicar etc. Todas explicam, *a posteriori*, a modéstia de nossos resultados literários, mas não deveriam dar cobertura ao apequenamento da intenção literária ela própria. Uma vez compreendida e dominada, toda condição social negativa se transforma, ou pode se transformar, em força literária, em elemento positivo de profundidade artística, e é de desejar que o conjunto de nossas desgraças nacionais resulte logo, não em desculpas, mas numa implacável obra-prima".[27]

Toda esta crítica realça ainda mais a importância de Osman Lins porque é exatamente isto a que ele se propõe, produzir literatura a partir da nossa realidade.

Às condições negativas enumeradas acima vem se somar a truculência do regime militar, portanto, maior necessidade

---

27. Idem, p. 158-9.

de ação do escritor: "Nos piores momentos da pior ditadura se pode, com as devidas precauções, escrever a verdade a respeito, e o manuscrito que não circula agora pode circular depois. No Brasil de hoje, penso que é justamente este lado tão condicionado da literatura que vale a pena sublinhar, lado que só poucas vezes falou à imaginação de nossos escritores. De fato, não é costume entre nós um autor dizer o que realmente pensa, e foram pouquíssimos os que sentiram, por exemplo, que fazia parte de seu trabalho manifestarem-se a respeito de 64".[28]

1.2 Leitores do futuro e do presente

Nessa época, as pesquisas sobre estética da recepção começam a se difundir. Os estudos de literatura ganham nova dimensão ao considerarem a importância do leitor na equação autor-obra-público. As reflexões sobre a estética da recepção dão uma nova perspectiva para a obra; além do valor intrínseco, ela é vista na sua dimensão social e histórica, considerando o conjunto de leituras individuais que reiteram seu valor e seu significado, embora "ignorado pelo estruturalismo, que postulava a autossuficiência do texto literário, e dissolvido em classe social pelo marxismo, o leitor vinha sendo figura menor, até irrelevante, nas considerações sobre a literatura".[29]

O último romance escrito por Osman Lins diz respeito a uma história de leitura, ou melhor, de leituras, que um professor faz de um livro escrito por sua amada já falecida. Para compreender melhor sua relação com Julia Marquezin Enone, o professor vai elaborar um ensaio sobre o livro escrito por ela. Ao escrever o ensaio, o crítico, ainda apaixonado pela amante, revela também o gosto pela leitura desenvolvendo reflexões sobre o processo de recepção. A análise contempla a trilogia

---

28. Schwarz, Roberto. Crise e literatura. Op. cit., p. 160.
29. Zilberman, Regina. Apresentação do autor na orelha da capa. In: Jauss, Hans Robert. *A história da literatura como provocação à teoria literária*. São Paulo: Ática, 1994.

autor-obra-leitor avançando em relação à postura tradicional da crítica literária que valorizava autor e obra — o leitor passa a ser visto como um co-enunciador.

Como diz Ligia Chiappini:

> Ler é também uma forma de arte, se entendida como execução, interpretação.
> A leitura, na verdade, é uma arte em processo. Como Goethe, poderíamos todos reaprender a ler a cada novo texto que percorremos. Mas há sobretudo muito a aprender quando percebemos que ler não é apenas decifrar o impresso, não é um mero *savoir-faire*, a que nos treinaram na escola, mas ler é questionar e buscar respostas na página impressa para os nossos questionamentos, buscar satisfação à nossa curiosidade. Ler é sobretudo desejar, ainda mais quando o texto é literário.[30]

Na década de 70, a produção cultural se diversificou, sobretudo com o desenvolvimento da indústria cultural, e a literatura foi perdendo cada vez mais espaço na disputa pelo público. Osman Lins conhece de perto o nível de leitura de seus alunos universitários e não tem boas perspectivas de melhorá-lo frente ao poder da mídia.

A rainha dos cárceres da Grécia, obra gestada na história, traz as marcas de sua época e está à procura do seu leitor, um leitor especial que encontre nela uma resposta para as perguntas de seu tempo, e leitores futuros que a reinterpretem dentro de outras perspectivas, servindo de contrapeso para as facilidades e passividade que os meios de comunicação de massa possam sugerir. Osman Lins, criticando a disseminação do uso de apostilas, escreveu: "O que se procura formar é uma mente passiva, sem agilidade e sem autonomia, um elemento preparado para receber mais tarde, no mundo das comunicações de massa e da opressão, o frango desossado, a sopa feita, a feijoada feita, a

---

30. Chiappini, Ligia. *A invasão da catedral: literatura e ensino em debate*. Porto Alegre: Mercado Aberto, 1983, p. 91.

roupa feita, o noticiário feito, a constituição feita", e era o que ele combatia com seu livro, procurando um leitor capaz de estabelecer relações e refletir sobre suas leituras, literárias ou não.

A tentativa do personagem, professor de Ciências Naturais, em escrever um ensaio sobre o livro de Julia Enone Marquezin revela-se como uma luta contra o esquecimento/desaparecimento de sua amante e de sua obra, cujos exemplares mimeografados estão destinados a desaparecer, devido ao processo de impressão — copiados a álcool (o mimeógrafo tão usado na época e, posteriormente, substituído por xerox) — e impedida pela família da Julia de publicação por uma editora. O leitor, neste caso, transforma-se no escritor, estabelecendo um elo com a escrita, integrando-se em uma grande corrente literária. Há um trecho do romance que ressalta este aspecto:

> Quantas vezes, desde o *Decameron* e os *Contos de Canterbury*, narradores mais ou menos loquazes dirigem-se a pequenos auditórios ou a um interlocutor paciente (**este que mais tarde escreve a história**)? (destaques meus) (p. 79).

Todo leitor seria um escritor em potencial pela reflexão a que leva a leitura e consequente necessidade de interferir, de algum modo, em seu meio. Refletindo nesta linha, parece que Osman Lins deixou algumas pegadas a serem seguidas, em *Evangelho na taba*.

> Ser escritor é sempre uma danação. Uma danação que, bem entendido, eu não trocaria por nada. Em países de nível cultural mais alto, evidentemente, a danação é atenuada, pois o escritor encontra um número maior de aliados, de conhecidos e desconhecidos que estão ao seu lado, de braços dados com ele. No entanto, há em tudo isso um aspecto importante, embora paradoxal. É que as sociedades precisam mais do escritor, da existência do escritor, da produção de obras literárias, precisamente na medida em que recusam tudo isso. Uma sociedade onde o escritor é mais bem acolhido, onde se lê mais, onde a vida cultural é mais intensa, não tem tanta necessidade do escritor. Ela já é suficientemente

bem nutrida. Não tem tanta necessidade de que certos indivíduos supram (de certo modo com o sacrifício das próprias vidas) as suas carências.[31]

Osman Lins conhece bem a luta do escritor dentro de uma sociedade desigual. É sensível ao trabalho de Lima Barreto que dispõe de sua arte para apontar as injustiças e preconceitos da sociedade. Faz um trabalho de pesquisa culminando com a publicação do ensaio *Lima Barreto e o espaço romanesco*. José de Anchieta, a quem dedica o livro seguinte *Evangelho na taba*, também se destaca em suas reflexões.

Em "O escritor e a sociedade", Osman Lins externa seu ponto de vista acerca do envolvimento do escritor com a sociedade:

> Há um módulo, um estilo de ser, não ideal, não absoluto, **relacionado com a hora e o lugar** (destaques meus) — e que ele deve buscar, inventar, descobrir. Deslindo: o escritor não pode pretender abalar com seus escritos as sólidas posições da insensatez, da força, da maldade — mas também não pode ignorá-las; não pode submeter sua obra às injunções do tempo — mas também não pode tender a agir como um ser fora do tempo. Existe, com o escritor, um homem, as duas realidades coexistem e não são dissociáveis; os livros de um hão de refletir as preocupações do outro. Não é mais possível, em nossa época, a um homem de instrução mediana, ignorar o conflito básico com que nos defrontamos, a insurreição dos ofendidos contra os ofensores. Estes últimos detêm os privilégios e as rédeas invisíveis do mundo: nunca se viu a polícia nas ruas, de metralhadora em punho, a fim de impedir um congresso de banqueiros. Assim, não apenas o escritor, mas qualquer homem que, tendo consciência desses problemas, ou dos problemas que com estes se relacionam, age como se os desconhecesse, é um traidor do seu semelhante, quando não de si mesmo. Ao escritor, com maiores razões, não

---

31. Lins, Osman. Ser escritor é sempre uma danação. In: *Evangelho na taba. Problemas inculturais brasileiros II*. São Paulo: Summus, 1979, p. 258.

lhe cabe indagar de que lado pôr, hoje, o seu espírito; se o faz, ou se pretende fazer-nos crer que se sobreleva ao século e ao destino dos que no século vivemos, pode-se dizer — por mais revolucionária que, artisticamente, seja sua obra — que, em nome talvez de coisas eternas, ele volte as costas aos seus contemporâneos e abre à senectude, à morte, à deterioração, as portas da literatura. (...) A literatura não é o nosso recreio, produto secundário e de relativa importância, segregado nos intervalos da verdadeira ação. Quando um escritor atua politicamente, não está passando, como habilmente se quer ou se propala, da contemplação à ação. (...) Com a obra literária, e por nenhum outro meio, é que realmente age o escritor: sua ação é seu livro.[32]

Régis Debray destaca a sensibilidade dos escritores na apreensão do mundo:

Romancistas e poetas têm um faro particular para detectar o infimamente crucial. Balzac, por exemplo, compreendeu prontamente o que estava em jogo na passagem do papel feito a partir de restos de tecido ao papel originário da madeira: a democracia de opinião, com seus jornais e cartazes. Valéry anunciou *as sociedades de distribuição de realidade a domicílio*, muito antes do aparecimento das nossas redes de televisão.[33]

E é neste sentido que concorre o depoimento de Julieta de Godoy Ladeira, segunda esposa de Osman Lins: "Sua aguda sensibilidade refletiu profundamente sobre o que percorria e enxergou então, bem mais adiante que a maioria, traços futuros. Povoada de mitos que criou e de mitos que descobriu, sua obra voltou-se sempre para o real, que, afinal, compreende também a transcendência, e viu, de forma clara, para onde íamos".[34]

---

32. Lins, Osman. O escritor e a sociedade. In: *Guerra sem testemunhas: o escritor, sua condição e a realidade social*. São Paulo: Ática, 1974, p. 218-9.

33. Debray, Régis. As tecnologias da crença. Entrevista concedida a Juremir Machado da Silva. *Folha de S. Paulo*, caderno Mais!, 30 ago. 1998.

34. *Diário Oficial de Pernambuco*, Suplemento Cultural, op. cit.

1.3 Osman Lins: dados biográficos

Osman Lins nasceu em Vitória de Santo Antão, Pernambuco, a 5 de julho de 1924. Filho do alfaiate Teófanes da Costa Lins e da dona-de-casa Maria da Luz de Melo Lins, perdeu a mãe 16 dias depois do seu nascimento por causa de complicações no parto. O escritor passou a ser criado por uma tia e pela avó paterna, Joana Carolina e, já no início da vida literária, homenageou a avó com o texto "Retábulo de Joana Carolina", uma espécie de sua canonização literária. "A obra também é uma das que mais relembram a infância do escritor na cidade", afirma a diretora do Centro Cultural Osman Lins, Florianita de Oliveira.

A infância foi marcada por dificuldades financeiras, e para ingressar na escola a *mãe Noca*, como era chamada a avó, precisou se desfazer de uma correntinha de ouro para que pudesse arcar com as despesas. Nas escolas Ateneu Santo Antão e Ginásio da Vitória, atual Colégio 3 de Agosto, Osman Lins cursou o ginasial. "Apesar de gostar da cidade, Osman sempre desejou estudar na capital por causa das limitações de Vitória na época", relembra Maria de Lourdes. Aos 17 anos, transferiu-se para Recife onde concluiu o curso de Finanças na Faculdade de Ciências Econômicas do Recife.

Em 1943, já como funcionário do Banco do Brasil, em Recife, escreveu suas primeiras obras. Casou-se com Dona Maria do Carmo e teve 3 filhas: Letícia, Litânia e Ângela.

Em 1962, mudam-se para São Paulo. Osman Lins passa a exercer intensa atividade, ora participando do círculo de intelectuais como Alfredo Bosi e José Paulo Paes, ora lecionando na Faculdade de Letras, ou escrevendo ensaios, romances, peças teatrais e roteiros para a televisão.

Nos seus 30 anos de vida literária, Osman Lins deixou várias obras.

Faleceu de câncer em 8 de julho de 1978, em São Paulo, com 54 anos.

1.4 Cronologia

1952 — Começa a escrever *O visitante*.

1955 — Estreia com *O visitante*, romance (Prêmio Especial da Academia Pernambucana de Letras e Prêmio Coelho Neto da Academia Brasileira de Letras).

1957 — Publica *Os gestos*, contos (Prêmio Monteiro Lobato — São Paulo, Prêmio Vânia Souto Carvalho — Recife e Prêmio da Prefeitura de São Paulo).

1960 — Conclui o Curso de Dramaturgia, na Escola de Belas-Artes, da Universidade do Recife.

1961 — Estreia no teatro com *Lisbela e o prisioneiro*, encenada no Teatro Mesbla, Rio de Janeiro, pela Companhia Tônia-Celi--Autran.

Ganha uma viagem à Europa como bolsista da Aliança Francesa.

Editado *O fiel e a pedra*, romance.

1962 — Transfere-se do Recife para São Paulo.

1963 — No Teatro Bela Vista é encenada sua peça *A idade dos homens*. Vem a público *Marinheiro de primeira viagem*, relato de sua viagem à Europa.

1964 — Publicação de *Lisbela e o prisioneiro*.

1965 — Conclui *Nove, novena*.

Sua peça *Guerra do "cansa-cavalo"* obtém, ainda inédita, o Prêmio José de Anchieta.

1966 — Edição de *Nove, novena*.

A Imprensa Universitária de Pernambuco publica *Um mundo estagnado*, ensaio sobre livros didáticos de Português.

1967 — Publicação da *Guerra do "cansa-cavalo"*.

"Capa-verde" e o Natal, teatro infantil, premiada pela Comissão Estadual de Teatro de São Paulo e publicada pela Editora Conselho Estadual de Cultura.

1969 — *Guerra sem testemunhas: o escritor, sua condição e a realidade social.*

1970 — Ingressa no ensino superior, ensinando Literatura Brasileira.

1973 — Publicação de *Avalovara* pela Editora Melhoramentos.

1975 — Publicação de *Lima Barreto e o espaço romanesco.*

Publicação de *Santa, o automóvel e o soldado*, teatro, reunindo 3 peças em um ato: "Mistério das figuras de barro", "Auto do Salão do Automóvel" e "Romance dos dois soldados de Herodes".

A TV Globo transmite em cadeia nacional, no seu programa "Caso Especial", versão televisionada do seu conto *A ilha no espaço.*

1976 — Afasta-se do ensino universitário, passando a dedicar-se exclusivamente aos seus livros.

Publica *A rainha dos cárceres da Grécia*, pela Editora Melhoramentos.

Novo "Caso Especial", pela TV Globo: *Quem era Shirley Temple?*

1977 — Publica *La Paz existe?*, livro de viagem. Escrito em conjunto com Julieta de Godoy Ladeira, sua companheira, pela Summus Editorial.

Do ideal e da glória — Problemas Inculturais Brasileiros, pela Summus Editorial.

"Caso Especial", pela TV Globo: *Marcha fúnebre.*

1978 — Publicação de *Casos Especiais*. São Paulo, Summus Editorial.

1979 — *Evangelho na taba. Problemas inculturais brasileiros II*, pela Summus Editorial.

2
A atividade docente de Osman Lins

Em 1970, Osman Lins assume a cátedra de Literatura Brasileira na Faculdade de Filosofia de Marília. Passa a dividir seu tempo entre a docência e a atividade de escritor, entre interior e capital. Continua morando na cidade de São Paulo, deslocando-se para lá no trem noturno, passa alguns dias da semana hospedado no hotel, retornando nos finais da semana. Esse foi o esquema que se manteve até 1976, quando acaba se desligando da instituição universitária.

Embora ele tenha permanecido no cargo por período relativamente curto, fez muita coisa e levantou também muita polêmica.

A condução pedagógica de Osman revela-se contrária à prática corrente nas faculdades. Na tentativa de passar aos alunos a paixão que tinha pela literatura, cria expedientes totalmente inovadores. Dois casos serão citados a seguir; a título de exemplo, um diz respeito aos *Sermões* de padre Antônio Vieira e o outro, um imaginário programa de TV baseado nas crônicas de Gabriel Soares de Souza.

2.1 Padre Antônio Vieira

Percebendo a dificuldade em aproximar os alunos de textos de autores antigos e que aulas expositivas não davam conta, Osman Lins propõe trabalho em grupos cujas tarefas se resumiam em *estudar determinado autor ou determinada obra, apresentando-os, depois, de um modo que fosse, ao mesmo tempo, imaginoso e didático*. Dito desse modo, parece-nos uma atividade simples, entretanto, demandou tempo e esforço do professor desde a organização dos grupos, resistência dos alunos a esse tipo de trabalho, orientação durante o processo de pesquisa e execução da atividade. "Pouco a pouco, o que parecia inviável, ia apaixonando os estudantes. Autor e texto tornavam-se vivo, adquiriam relevo insuspeitado. Surgia nos alunos o empenho de externar, com a ajuda de meios que até então não haviam utilizado, sua visão da obra e do autor, não mais um simples nome."[1]

O grupo encarregado de apresentar padre Antônio Vieira escolheu a leitura integral do "Sermão da Quinta Dominga da Quaresma", feita em uma igreja da cidade. Um aluno, devidamente paramentado, lia, no púlpito, trechos do sermão, interrompido em determinados momentos pela atuação de outros alunos, dispostos em vários pontos da igreja. Perguntas sobre Vieira e sobre o Barroco eram lançadas no ar, as respostas vinham de várias direções; a seguir, uma aluna tocou o órgão da igreja. Dessa forma o texto de Vieira adquiriu vida — o objetivo sempre buscado por Osman Lins, de transformar a literatura em uma experiência significativa. "Quem, conhecendo de leitura os sermões de Vieira, não teve a oportunidade de ouvi-los, deveria fazer esta experiência. Só assim poderá constatar até que ponto são claros e convincentes, obtendo assim uma resposta à pergunta que tantas vezes se faz: se não haveria um fosso entre aqueles sermões e o seu público. A esse público, escapava

---

1. Uma experiência didática. In: *Do ideal e da glória — problemas inculturais brasileiros*. São Paulo: Summus, 1977, p. 70-71.

decerto o aparato formal de que lançava mão o grande jesuíta, mas não o seu sentido".[2]

2.2 Gabriel Soares de Souza

O *Tratado descritivo do Brasil* de Gabriel Soares de Souza transformou-se em um imaginário programa de TV. A equipe, ao apresentar uma antologia desse cronista, chamou a atenção pelas dicções variadas e pela inserção de *comerciais* elaborados a partir das informações contidas no livro como madeiras de lei, pedras preciosas, bebidas, peixes. Nesse caso também é possível imaginar o envolvimento dos alunos na leitura de obra tão distante deles, escrita nos primeiros tempos do descobrimento do Brasil, repetindo, de certa forma, o estranhamento sentido pelo cronista frente aos produtos de uma nova terra.

Essas atividades servem, mesmo nos dias atuais, como sugestões aos professores de Literatura Brasileira.[3]

O depoimento do professor Ataliba Teixeira de Castilho[4] comprova a coerência de Osman Lins entre o que pensava e o que praticava.

Quando Osman Lins iniciou seu trabalho como professor na Faculdade de Marília, estava em voga o estruturalismo. De modo geral, era comum os professores de Literatura iniciarem os cursos dando a teoria que, logo em seguida, era aplicada na análise dos textos. Osman se inteirou dos programas curriculares e perguntou aos colegas se os alunos liam bastante. Diante da resposta negativa, propôs alteração para o curso que tinha

---

2. Idem, p. 72.

3. Ver atividades desenvolvidas em escola pública de São Paulo baseadas na experiência pedagógica de Osman Lins, no Anexo I deste livro.

4. Depoimento do professor de Língua Portuguesa Prof. Dr. Ataliba Teixeira de Castilho, da Universidade de S. Paulo, feito a Kazuko K. Higuchi em 5 mar. 1999.

um ano de duração (posteriormente passou para dois), seguindo um esquema que se resumia em:

1) Leitura de textos da literatura ocidental.

2) A mesma turma de alunos escreveria "Casos Especiais". Na época, como ele estava escrevendo os "Casos Especiais" para a TV Globo, propôs aos alunos também escreverem "Casos Especiais". Para isso, os alunos, em grupo, teriam que procurar fatos interessantes na comunidade que apresentassem densidade dramática para escrever esquetes.

Várias foram as possibilidades. Como havia a linha de trem que passava pela cidade, surgiu a ideia de entrevistar o guarda-cancela, assim como os dirigentes do centro espírita, os fundadores da cidade, os criadores de café, os dirigentes do clube de cinema etc. Escolhido o fato, os alunos voltavam com gravador para levantar um conjunto de atividades.

3) O passo seguinte constituía na discussão do polo dramático que pudesse ser explorado. Nesta fase, os alunos passavam a escrever uma minipeça, um esquete.

4) Com a peça escrita, era feita a leitura de mesa, usando a expressão de teatro, quando os futuros atores liam os textos correspondentes aos seus personagens. Osman intervinha com sugestões. O texto melhorado passava a ser encenado e, no fim do ano, havia a apresentação no teatro amador da cidade. Houve um caso especial de uma aluna, muito tímida, muito gorda, que conseguiu representar muito bem e com isso sua vida mudou. Osman atirava para todo lado e acabava acertando onde ele nem imaginava. Era uma pessoa de muita percepção, de muita intuição.[5]

Depois que os alunos passavam por todas a etapas, dizia: "Agora vocês podem criticar, porque só quem passou pela experiência é que pode criticar."

---

5. Esta atividade extrapolou seus objetivos, foram criados três grupos amadores de teatro, em Marília.

A diretora daquela época era conservadora, punha muitos obstáculos. Às vezes, quando ela estava brava, Osman dizia para o professor Ataliba Teixeira de Castilho: "Vê se você amansa a fera!"

O professor Ataliba Teixeira fala com muito entusiasmo dessa época em que foram desenvolvidas experiências ímpares, com resultados inusitados. Um dos alunos de Osman Lins chegou a ganhar o prêmio *Esso de Literatura* — Luiz Antônio Figueiredo, que hoje leciona em Assis.

A preocupação de Osman Lins não se limitava ao ensino de Literatura Brasileira. Ao perceber as dificuldades dos alunos, programava cursos e atividades complementares, como o Curso de Composição Oral e Escrita planejado para o ano letivo de 1972 e destinado "a compensar as deficiências de redação verificáveis em muitos dos alunos que iniciam o Curso de Letras" não sendo "um curso rigorosamente de nível universitário. Antes, visa a criar, nos alunos do primeiro ano, condições para um melhor desempenho em seus trabalhos nos anos subsequentes". Também chama a atenção o Curso Suplementar para o terceiro ano, criado com a seguinte justificativa: "Não havendo uma cadeira de História da Arte, serão dadas, durante o ano, quatro aulas sobre arte, com projeção de diapositivos e audição de discos (facultativa), para o que já foi adquirido excelente material, por iniciativa da cadeira. Tal Curso tem por objetivo ampliar o patrimônio cultural dos alunos, enriquecendo sua visão do fenômeno literário. Será concluído no ano próximo".[6]

A preocupação de Osman Lins não se resumia aos alunos, aproveitava as possibilidades para ampliar seu raio de ação para onde julgasse necessária maior orientação sobre literatura. Propõe à direção da faculdade um Curso de Atualização de Professores Secundários, cujo objetivo foi estabelecido da seguinte forma:

---

6. Acervo Osman Lins — material inédito.

O Curso destina-se a dar a professores de Português do segundo ciclo da escola secundária (escola média) e aos professores do primeiro ciclo interessados em recebê-las, noções de literatura brasileira moderna, dentro de um esquema de análise dos conceitos atuais de teoria literária e dos atuais princípios da poética. Para tanto, serão lidas as obras especificadas abaixo e será fornecida uma bibliografia que atualize tanto os conhecimentos de literatura, como os de crítica e poética de um modo geral.

Programa: Misticismo e realidade na moderna literatura brasileira

Clarice Lispector, *A legião estrangeira* ("O ovo e a galinha" e "A quinta história")

Carlos Drummond de Andrade, *Antologia poética* ("A mão suja" e "Procura da poesia")

Osman Lins, *Nove, novena* ("Pentágono de Hahn" e/ou "O retábulo de Santa Joana Carolina")[7]

Sabemos que o desenvolvimento cultural e literário do aluno não ocorre apenas na Universidade, experiências anteriores marcam o gosto e a postura diante dos textos, em uma formação permanente, apesar da compartimentação do ensino em ciclos. Se o aluno chega à faculdade despreparado, não cabe apenas ao professor do ensino médio e primário o ônus da culpa. Como disse Alfredo Bosi: "É um círculo vicioso que precisamos quebrar, e tem que ser aqui, na Universidade. É também aqui, na Universidade, que precisamos pensar esses problemas (...) e saber o que estamos ensinando, e que tipo de professor de literatura está saindo de nossas mãos".[8]

O curso proposto por Osman aos professores foi um passo nesse sentido, de quebrar o círculo vicioso.

---

7. Acervo Osman Lins — programa de 1971, material inédito.
8. Entrevista com Alfredo Bosi. In: Rocco, Maria Theresa Fraga. *Literatura/ensino: uma problemática*. São Paulo: Ática, 1981, p. 116.

3

Meios de comunicação de massa

O relacionamento humano está, desde os primórdios da História, calcado no processo de comunicação, quer seja através de sons, quer seja utilizando signos gráficos. Segundo Peterson, Jensen e Rivers: "A comunicação é a portadora do processo social; torna possível a interação dentro do gênero humano e capacita os homens a transformarem-se em seres sociais e assim permanecerem".[1] Eles distinguem a diferença entre *comunicação* e *comunicações*, o primeiro termo significaria o processo de comunicar e *comunicações*, os meios técnicos usados. Assim dito, parece simples, mas os dois termos estão no cerne das diversas teorias da comunicação, suscitando o interesse de ciências tão diversas quanto a Filosofia, a Sociologia, a Etnografia, a Economia, as Ciências Políticas, a Biologia, a Cibernética e as Ciências Cognitivas, como lembram os Mattelart.[2]

A descoberta da escrita altera o processo histórico da humanidade, possibilitando uma comunicação entre pessoas distantes, no espaço e no tempo, o que antes não era possível

---

1. Peterson, Jensen e Rivers. *Os meios de comunicação e a sociedade moderna*. Rio de Janeiro: Editora GRD, 1966, p. 28.

2. Mattelart, Armand e Michèle. *História das teorias da comunicação*. 8. ed. São Paulo: Loyola, 2005, p. 9.

pois a oralidade não prescindia da interação direta entre os indivíduos. As invenções desde a imprensa até os computadores e toda a rede de comunicação constituem-se nos meios que possibilitam a comunicação de massa.

No Brasil, a mídia vem fazer parte do cotidiano das pessoas, de maneira mais intensa, com a popularização da televisão, por volta da década de 70 (período em que foi escrito o romance *A rainha dos cárceres da Grécia*, de Osman Lins), embora os meios de comunicação de massa passem a veicular ideias, informações e diversão em difusão coletiva desde o fim do século XIX, acentuando-se o processo por volta de 1930, com a expansão do rádio e a indústria fonográfica.

A seguir, serão feitos recortes históricos acerca de algumas mídias que estão diretamente relacionadas ao romance a ser analisado. A presença de certos dados pode causar estranhamento por não terem mais a mesma importância que tiveram na época. Ajudam-nos, contudo, a entender melhor o posicionamento de Osman Lins e sua obra.

3.1 Rádio e TV na tradição oral

Antonio Candido observa que, no Brasil, o grande público sempre ficou distante da leitura de obras literárias e os novos meios de comunicação vão se inserir dentro de uma tradição iletrada:

> Note-se, também, que prosseguiu por todo o século XIX, e até o início deste, a tradição de auditório (ou que melhor nome tenha), graças não apenas à grande voga do discurso em todos os setores da nossa vida, mas, ainda, ao recitativo e à musicalização dos poemas. Foram estas as maneiras principais de veicular a poesia. (...) Se as edições eram escassas, a serenata, o sarau e a reunião multiplicavam a circulação do verso, recitado ou cantado. Desta maneira, românticos e pós-românticos penetram melhor na sociedade, graças a públicos receptivos de auditores. E não

esqueçamos que, para o homem médio e do povo, em nosso século a encarnação suprema da inteligência e da literatura foi um orador, Rui Barbosa, que quase ninguém lê fora dalgumas páginas de antologia.[3]

Paulatinamente a sociedade foi se modificando, os saraus desapareceram, houve maior produção de textos impressos. Entretanto, permaneceu a "tradição de auditório". Se a humanidade vivenciou três momentos: o da oralidade, das narrativas orais, em que a comunicação era feita diretamente; o da escrita, em que o registro dispensava a presença do sujeito e o apareceu a literatura propriamente dita, e o terceiro, com o domínio das novas tecnologias, no Brasil, houve uma passagem quase direta dos relatos orais interpessoais para os meios orais de comunicação de massa como o rádio e a televisão, em detrimento dos textos escritos.

Como diz Antonio Candido: "Em nossos dias, quando as mudanças assinaladas indicavam um possível enriquecimento da leitura e da escrita feita para ser lida, — como é a obra de Machado de Assis, outras mudanças no campo tecnológico e político vieram trazer elementos contrários a isto".[4] O rádio e a televisão sintetizavam as mudanças no campo tecnológico que darão continuidade à tradição oral (posteriormente, a tecnologia da informação com recursos de viva-voz).

Os filmes estrangeiros mantinham o som original e eram legendados nas transmissões iniciais pela TV, forçando as pessoas à leitura das palavras. A dublagem, se de um lado abriu um campo novo de trabalho para os artistas e facilitou a recepção, teve seu aspecto negativo na medida em que veio reforçar a mensagem oral, eliminando qualquer esforço maior de leitura na fruição desse produto.

---

3. Candido, Antonio. O escritor e o público. In: *Literatura e sociedade*. 3. ed. São Paulo: Editora Nacional, 1973, p. 84-5.
4. Idem, p. 88.

Maria Immacolata Vassalo de Lopes, em *O rádio dos pobres*, historia as transformações ocorridas na recepção dos programas de rádio: "Ao longo da década de 50 ocorre a fragmentação da audiência de rádio, motivada por diversos fatores, entre os quais: a concorrência da TV, que provoca o esfacelamento do esquema de *broadcasting* (transmissão para grande público) das emissoras; a expansão do transistor, que transforma radicalmente o rádio num veículo de audiência estritamente individual e a influência do rádio de automóvel na adoção da fórmula música e notícias. As emissoras de rádio, na década de 60, começam então a se definir diante dessa segmentação, selecionando o seu público e diferenciando a programação. Esta tendência contrasta com a da TV, que procura atingir a maior audiência possível através da padronização de sua programação (Atualmente a TV a cabo também oferece uma programação direcionada para um público segmentado). A programação do rádio passa a ser orientada pela estratificação sócio-econômica do público, e em cada segmento procura-se atingir peculiaridades tais como sexo, idade e grau de instrução".[5]

A autora fez uma pesquisa de campo no segundo semestre de 1980 com 143 pessoas para traçar um perfil dos ouvintes de programas radiofônicos, especialmente, dirigidos para as classes populares. Ela apontou três fatores para a produção do discurso radiofônico popular: 1) o caráter de classe da recepção se manifesta em uma apropriação diferenciada do rádio em termos de hábitos de escuta, seleção de emissoras e de programas; 2) o caráter de classe da recepção é responsável pela diversificação do discurso radiofônico em gêneros que se realizam diferentemente em um discurso radiofônico não-popular e em um discurso radiofônico popular; 3) o discurso radiofônico popular é mais bem expresso através do gênero policial, de variedades e do sertanejo.

---

5. Lopes, Maria Immacolata V. de. *O rádio dos pobres: comunicação de massa, ideologia e marginalidade social.* São Paulo, Loyola, 1988, p. 103.

Essa pesquisa, feita em um período aproximado à publicação do livro *A rainha dos cárceres da Grécia*, mostrou que o rádio aparecia integrando o cotidiano da classe popular. Maria de França, personagem central do livro de Julia Enone, pode ser classificada como pessoa à margem da sociedade por sua participação assistemática no sistema produtivo e pelas condições de vida (moradia, grau de instrução, migrante etc.), identificando-se com os ouvintes de rádio pesquisados por Maria Immacolata.

Segundo a autora:

(...) o discurso radiofônico popular revela-se como forma de participação e de expressão cultural das camadas sociais mais inferiores. É necessário, certamente, analisar as características dessa participação e expressão culturais. (...) quaisquer que sejam as funções ideológicas (ou efeitos de sentido) do discurso radiofônico popular, é preciso considerar como elementos integrantes das condições de existência do estrato marginal no interior da formação social. Por exemplo, o *noticiário policial* pode efetivamente ser uma redução ou exacerbação do discurso informativo burguês, porém a sua estrutura de *faits divers*[6] tende a ser reconhecida como informação; no gênero *variedades*, o discurso olimpiano[7] sobre o mundo tem condições de reforçar o inconformismo latente em relação à realidade vivida; no gênero *sertanejo*, o mito da ruralidade não impede que se faça a relação do *antigo* com o *novo* em função da aspirada adaptação ao ambiente urbano.

---

6. O fenômeno do *faits divers* (Barthes, 1962) é o agente estrutural que sustenta a estratégia de sensacionalizar acontecimentos durante a produção da notícia. Entende-se por *faits divers* o termo francês que designa a notícia do dia (crimes, desastres, sexo, roubos, escândalos, monstruosidades, acontecimentos extraordinários), mostrada como um acontecimento "trivial simples", com importância circunstancial. Ver Barthes, Roland. *Crítica e verdade*, São Paulo: Perspectiva, 1982.

7. A autora explica o termo baseado no conceito dado por Edgard Morin: os olimpianos são o produto mais original da indústria cultural. Possuidores de uma dupla natureza, divina e humana, tornam-se modelos de vida, promotores ao mesmo tempo de uma identificação que se traduz na prática da vida cotidiana e de uma projeção pelos mitos que encarnam. São sobre-humanos e humanos, nos papéis que desempenham na indústria cultural e na existência privada que levam (op. cit., p. 144).

Trata-se, sem dúvida, de uma articulação ideológica complexa que se inscreve no discurso radiofônico popular.[8]

Com a migração da população das zonas rurais para a cidade, o rádio, como a televisão, produziu uma *exclusão integrada*, ou seja, foi um elemento integrador, realizando uma *identificação ideológica antecipada* das classes populares através do processo difusão/adesão ao estilo de vida urbano.

O discurso radiofônico coincidiu com a proposta do regime militar de integração nacional promovendo o re-encontro do ouvinte com sua condição de excluído ao tratar da periferia, da vida familiar, do trabalho marginal, da origem rural. Os excluídos se integraram à sociedade, principalmente, através do consumo de bens materiais e de bens culturais anunciados pelos meios de comunicação de massa, principalmente pela televisão, cujas implicações serão tratadas mais à frente.

3.2 Imprensa e política

Segundo Lasswell, a partir da primeira guerra (1914-1918), o uso dos meios de difusão da informação tornou-se indispensável para a gestão governamental das opiniões e propaganda passa a rimar com democracia. "A propaganda constitui o único meio de suscitar a adesão das massas; além disso, é mais econômica que a violência, a corrupção e outras técnicas de governo desse gênero. Mero instrumento, não é mais moral nem mais imoral que a manivela da bomba d'água. Pode ser utilizada tanto para bons como para maus fins".[9]

O uso político dos meios de comunicação pode ter amplitudes maiores ou menores dependendo do contexto histórico

---

8. Lopes, Maria Immacolata V. de. Op cit., p. 108-9.
9. In: Mattelart, Armand e Michèle. *História das teorias da comunicação*. 8. ed. São Paulo: Loyola, 2005, p. 37.

e não se aplica apenas ao rádio. No Brasil, através da imprensa escrita os abolicionistas e republicanos disseminaram suas ideias, todavia a incorporação política das classes populares inicia-se com Getúlio Vargas. Ao ser eleito presidente, precisava de um jornal que divulgasse seus atos, pois a grande imprensa era contrária a ele. *Última Hora* surge como jornal que "haveria de ser duplamente uma tribuna de Getúlio: diretamente, através da mensagem que veicularia e, indiretamente, através da concorrência comercial que encetaria, obrigando os demais órgãos de imprensa a reverem sua política editorial. O jornal nascia com o objetivo político, cuja consecução deveria passar também pelo sucesso comercial, ou seja, a conquista de leitores, a *afirmação no mercado*, e as técnicas que fossem utilizadas para tanto configuravam-se como tática política".[10]

A seguir, historio um pouco mais a origem desse jornal para elucidar as tramas que podem ocorrer por trás das manchetes.

Última Hora foi fundado em 1951 por Samuel Wainer, realizando seu sonho de ter o próprio jornal apoiado por sua família e pelo presidente da República. Sua relação com Getúlio teve início durante o período da campanha eleitoral, quando trabalhava como repórter dos Diários Associados de Chateaubriand. Nessa condição, fez a cobertura da campanha política de Getúlio, causando resultado inesperado na eleição, pois a intenção de Chateaubriand era "pôr em pânico a nossa estúpida burguesia" que acabaria votando no concorrente de Getúlio, o general Canrobert.

Gisela Goldenstein assim se manifesta sobre a criação do jornal com objetivo político e comercial: "Daí talvez tenha saído esta estranha combinação que foi *Última Hora*, simultaneamente recendendo a velhos pasquins do século XIX (jornais de causa) e um tipo de jornalismo inovador no Brasil, que antecipava

---

10. Goldenstein, Gisela. *Do jornalismo político à indústria cultural*. São Paulo: Summus, 1987, p. 43.

elementos, tanto na mensagem como em sua organização empresarial, que se tornariam dominantes bem mais tarde, na fase da indústria cultural".[11]

Samuel Wainer explica a orientação do jornal em relação ao conteúdo da mensagem:

> Tanto no Rio como em São Paulo, a mensagem de *Última Hora* foi sempre uma só: a mensagem getuliana. Em primeiro lugar, nacionalismo — foi o tempo das grandes campanhas herdadas da *O petróleo é nosso*, da siderurgia, do minério —; em segundo lugar, reivindicação social, a defesa do melhor nível salarial, maior justiça salarial; em terceiro lugar, luta pela democracia, pela liberdade contra o fascismo; em quarto lugar, atendimento aos mitos populares: futebol, espetáculos, tudo aquilo que representava vinculação com o povo, especialmente na área do espetáculo, da literatura etc. Mas politicamente era um jornal nacionalista, um jornal de vocação, vamos dizer, patriarcal, do ponto de vista de assistência social, e um jornal antifascista. Tecnicamente usava o esporte, a veiculação dos mitos populares, do *show* e, em última instância, a emoção humana que é a polícia.[12]

Não só o conteúdo era voltado aos interesses populares, as mensagens receberam tratamento inovador na forma de apresentação. Com a contratação de um especialista estrangeiro, conseguiu-se uma diagramação moderna, nova paginação, grandes coberturas fotográficas ainda não empregadas pela imprensa brasileira. As inovações transformam *Última Hora* em um jornal "mais digestivo", atingindo amplas camadas da sociedade, embora o público alvo fosse, primordialmente, a classe popular. Foram introduzidos outros expedientes como concursos, prêmios e promoções desconhecidos na nossa imprensa, embora utilizados no exterior. *Última Hora* transforma-se em "novidade em relação aos hábitos jornalísticos da época.

---

11. Idem, p. 43.
12. Idem, p. 46.

Era um festival de fotos, praticamente acompanhando cada notícia. Eram histórias em quadrinhos, românticas, de aventura, infantis, conforme o dia; muitas delas certamente importadas. Era um jornal em que havia, por assim dizer, de tudo, sem uma diagramação rígida, em que notícias policiais e de política nacional se apresentavam lado a lado, e que em meio a isso tudo divulgava as declarações do presidente".[13]

Conclui Goldenstein: "Em suma, o jornal tanto no conteúdo como na forma usou de dispositivos que têm em comum com os da indústria cultural técnicas de sedução do público almejado. Mas colocou-os todos a serviço da veiculação da proposta política do populismo varguista, ou seja, a sedução da retórica populista combinou-se com a sedução das técnicas da indústria cultural".[14]

Última Hora, apesar do sucesso de vendagem, começou a perder terreno pela acirrada campanha promovida pelos jornais concorrentes e pela oposição feita por grupos políticos contrários a Getúlio encabeçados por Lacerda. O jornal circularia aproximadamente por uma década. Alterações no quadro político e a circulação de um novo jornal dirigido para as classes populares forçaria o encerramento de suas atividades.

Notícias Populares é o jornal criado para barrar a influência política de *Última Hora*. *Notícias Populares* n. 1 data de 15 de outubro de 1963.[15]

Herbert Levy, na época "presidente da UDN e um homem ligado ao capital financeiro (foi proprietário do Banco da América, depois absorvido pelo Itaú), agrícola (café, gado) e comercial",[16] fundador de *Notícias Populares*, explica:

---

13. Idem, p. 49.
14. Idem, p. 46.
15. Sabemos serem constantes as greves dos professores. Todavia, é curioso que a primeira edição do jornal *NP* já registrasse uma delas.
16. Idem, p. 77.

Na verdade a ideia de fazer *Notícias Populares* nasceu quando, neste trabalho assim de contra-ofensiva, nós verificamos que um dos instrumentos de ação perigosos, porque pegavam uma população completamente desprevenida e desorientada no sentido de formação de opinião, era a *Última Hora*, que em São Paulo tinha cerca de uns duzentos mil jornais de tiragem e que, ao lado da alimentação, vamos dizer, que davam para o povo — que era sexo, crime, sindicatos — jogavam ideias, distorciam fatos, enfim, dirigiam a opinião da população e dos trabalhadores, através desse órgão de comunicação. E nós, em contrapartida, não tínhamos acesso ao populismo, não porque na verdade o sistema de comunicação com o povo do pessoal empresarial é sempre mais complicado e mais difícil, como também porque nós não tínhamos aquilo que eles queriam 'beber', que era um jornal popular. Então nasceu a ideia de fazer um jornal, dando o que normalmente recebiam... sem o algo mais... o ingrediente político que a *Última Hora* dava debaixo da orientação dirigida na ocasião.[17]

Fernando, um dos filhos de Herbert Levy, que esteve diretamente ligado à criação do jornal, descreveu o quadro político do grupo empresarial:

Nós tínhamos através da atitude, principalmente de meu pai, uma situação empresarial definida, ligada a banco, atividades agrícolas e comerciais e uma atitude política representada pela atuação política dele, desde a mocidade etc. E nunca houve uma dissociação entre a atividade empresarial e a política. (...) Na época que começou a se deteriorar o processo político de poder em 1961, quando Jânio renunciou, isto é, entregou, criou aquele caos, a crise total, quer dizer, total dificuldade de comunicação e mesmo de ordenação dos diversos grupos que atuavam e atuam no processo brasileiro, é claro, muitos ficaram preocupados em contra-atacar o pessoal que estava no poder. Quando o Jango assumiu, houve aquela "degringolada" e rapidamente alguns grupos começaram a influir decisivamente junto a ele: além de

---

17. Idem, p. 70.

grupos interessados em esquerdizar radicalmente a posição do governo brasileiro, existiam grupos que, na verdade, eram grandes aproveitadores daquele caos e que, ao esforço de derrocada política, somavam um esforço de aproveitamento comercial, que representava também a derrocada econômica do país. No início de 1963, a situação brasileira apresentava, além do risco político, um risco mais sério, o econômico. Era um país falido, com as estruturas completamente deterioradas (...) então nós, dentro da linha que vínhamos seguindo, resolvemos atuar em todos os campos no sentido de impedir que o caos tomasse conta das coisas e que os grupos ligados tanto ao radicalismo de esquerda quanto aos corruptos que se aproveitavam do poder — e que estavam associados no processo de mudança da situação — alcançassem seus objetivos.[18]

Neste caso, vemos também a junção de interesses políticos e econômicos, entretanto, toda indústria cultural pressupõe uma atividade lucrativa, senão está condenada a desaparecer. O jornal não está fora da lógica do mercado. Gisela T. Goldenstein esclarece:

No que diz respeito à mensagem dos jornais, não se lhes pode atribuir *a priori* um conteúdo específico, 'deduzido' do fato de eles pertencerem à indústria cultural. Há uma ampla gama de variações possíveis, que depende de condições históricas (econômicas, políticas, culturais) próprias das sociedades em que eles florescem. Estas permeiam a consciência dos produtores como elemento de cálculo, assim como o gosto que atribuem a seus leitores potenciais e delimitam os parâmetros dentro dos quais se move o conteúdo das mensagens. *O importante é que a lógica que rege a construção da mensagem é a do lucro: a empresa domina o jornal.* Feitas essas ressalvas, podem-se assinalar como tendências, a ênfase crescente (em graus diversos segundo cada jornal) sobre temas ligados ao lazer, aos *faits divers*, aos potins do mundo

---

18. Idem, p. 77.

das celebridades, à violência; a utilização farta de fotos e de uma linguagem mais acessível, distanciada da literatura.[19]

Os dois jornais surgiram voltados para o mesmo público leitor, para as classes populares urbanas, com objetivos políticos diferentes, mas terminam incorporados pelo grupo empresarial Frias-Caldeira, em 1965.

Como diz Goldenstein:

> Como empresas, ambas fracassaram. (...). Entretanto, o sucesso da fórmula adotada na mensagem e a 'oportunidade de mercado' que representavam, pela própria situação de suas empresas, permitiram que *Última Hora* e *Notícias Populares* fossem absorvidos em 1965 por uma cadeia em formação no bojo da nova fase em que ingressava nosso capitalismo.
>
> Suas mensagens, doravante subordinadas à empresa, passariam a ser integralmente mercadorias. Teriam agora não só as técnicas mas também a lógica da indústria cultural.[20]

É importante destacar a importação de técnicas de produção de bens culturais em larga escala quando ainda não existia mercado formado para consumi-los. Escreve Ynaray Joana da Silva: "A introdução de tecnologias avançadas de comunicação, como o rádio e a televisão, antes que se formasse um público de massa para os veículos impressos (...) se dá por vários motivos, entre os quais podemos destacar: primeiro, o desejo das grandes empresas transnacionais de ampliar seus mercados (e seria interessante transformar o Brasil em comprador de equipamentos de produção de rádio e TV); segundo, porque (...) era uma condição essencial para o sucesso do modelo econômico adotado a partir de 1964".[21]

---

19. Op. cit., p.29.
20. Idem, p. 154-5.
21. Meios de comunicação e educação — o rádio, um poderoso aliado. In: Citelli, Adilson. *Outras linguagens na escola*. São Paulo: Cortez, 2000, p. 140.

3.3 Indústria cultural

Nos países de capitalismo avançado, os intelectuais, artistas e escritores, vão se posicionar de maneira crítica frente ao surgimento de uma cultura de massa. Theodor Adorno e Max Horkheimer, expoentes da Escola de Frankfurt, percebem o processo de transformação da cultura em mercadoria com o desenvolvimento do capitalismo e passam a denominar indústria cultural às novas formas de produção e difusão da cultura. Walter Benjamin ressalta a perda da aura da obra de arte através da reprodução técnica. Todavia "entre nós as contradições entre uma cultura artística e outra de mercado não se manifestam de forma antagônica", afirma Renato Ortiz, "a literatura se difunde e se legitima através da imprensa", podendo-se dizer o mesmo da televisão nos anos 50, "um grupo de pessoas marcadas por interesses da área 'erudita' se volta, na impossibilidade de fazer cinema, para a televisão e desenvolve o gênero teleteatro (TV Vanguarda)", "os próprios escritores e diretores de teatro também vão encontrar espaço nesta televisão que ainda não se transformou plenamente em indústria cultural (Grande Teatro Tupi)".[22] E, posteriormente, afirma Ortiz, "a presença do Estado autoritário 'desviou' em boa parte a análise dos críticos da cultura do que se passava estruturalmente na sociedade brasileira".[23]

Na década de 40, surge, no Brasil, uma sociedade de massa acompanhando o desenvolvimento urbano e industrial. Contudo, somente nas décadas de 60 e 70 ocorre a consolidação de um mercado de bens culturais: a televisão, o cinema nacional, a indústria do disco, a editorial, a publicidade.

A mudança no sistema de governo com o golpe militar vai reorientar as transformações que estavam ocorrendo na sociedade. Explica Ortiz:

---

22. Ortiz, Renato. *A moderna tradição brasileira: Cultura brasileira e indústria cultural*. 5. ed. São Paulo: Brasiliense, 1995, p. 29.

23. Idem, p. 16.

O advento do Estado militar possui na verdade um duplo significado: por um lado se define por sua dimensão política; por outro, aponta para transformações mais profundas que se realizam no nível da economia. O aspecto político é evidente: repressão, censura, prisões, exílios. O que é menos enfatizado, porém, e que nos interessa diretamente, é que o Estado militar aprofunda medidas econômicas tomadas no governo Juscelino, às quais os economistas se referem como 'a segunda revolução industrial' no Brasil. Certamente os militares não inventaram o capitalismo, mas 64 é um momento de reorganização da economia brasileira que cada vez mais se insere no processo da internacionalização do capital; o Estado autoritário permite consolidar no Brasil o 'capitalismo tardio'. Em termos culturais essa reorientação econômica traz consequências imediatas, pois, paralelamente ao crescimento do parque industrial e do mercado interno de bens materiais, fortalece-se o parque industrial de produção de cultura e o mercado de bens culturais.[24]

O governo passa a estimular a produção de bens, quer sejam materiais, quer sejam culturais. Os bens culturais, pela sua própria natureza, envolvem uma dimensão simbólica e trazem embutido um elemento político, suscitando maiores cuidados por parte do Estado, que interfere diretamente na sua divulgação e produção através da censura. "A censura não reprime o cinema, o teatro ou a indústria editorial. Ela age em determinadas peças teatrais, filmes ou livros; sua ação não é geral, porém específica a cada obra. Daí se explica a ação do Estado autoritário na produção e difusão dos bens culturais, inserindo o país em um capitalismo mais avançado".[25]

Por trás da censura havia a Ideologia da Segurança Nacional procurando promover uma *integração nacional*, ou seja, integrar, a partir de um centro, a diversidade social. "De certa forma, o que a Ideologia da Segurança Nacional se propõe é substituir o papel que as religiões desempenhavam nas

---

24. Idem, p. 113-4.
25. Idem, p. 114-5.

sociedades tradicionais. Nessas sociedades, o universo religioso soldava organicamente os diferentes níveis sociais, gerando uma solidariedade (...) e *objetivos nacionais*, isto é, as metas a serem atingidas".[26]

Para alcançar a *integração nacional*, o Estado utiliza seu poder de repressão de um lado e, de outro, estimula com verbas a produção de bens culturais através de entidades como a EMBRAFILME, FUNARTE, Pró-Memória etc. E é nesse contexto que os meios de comunicação de massa se fazem importantes, pela possibilidade que têm "em criar estados emocionais coletivos". O golpe militar não teve somente motivação política, havia também interesse econômico. Militares e empresários brasileiros se articulam para derrubar Goulart. Empresários ligados à indústria cultural também apóiam os militares, recebendo em contrapartida incentivo à fabricação de papel, facilidades para importação de máquinas. Os grupos privados de televisão se destacam pelos benefícios auferidos no novo governo. Eles conseguem estabelecer um sistema de rede para transmissão nacional com a integração do Brasil no sistema internacional de satélites (INTELSAT) promovido pelo Estado. Por ser muito onerosa a produção de programas, é o sistema de rede que vai garantir a lucratividade e a manutenção das emissoras de televisão.

Tendo em vista que a indústria opera segundo um padrão de despolitização dos conteúdos, ocorre uma concordância de interesses: do governo, com a ideologia moralista, e dos empresários, com sua ideologia de mercado. E estes só vêm a questionar a censura quando ela lhes traz prejuízos materiais.[27]

A TV Globo e a TV Tupi assinam um protocolo de autocensura em 1973, modificando e até eliminando programas considerados pelos militares como inadequados à moral. Em troca,

---

26. Idem, p.115.
27. Para maiores informações ler Renato Ortiz, *A moderna tradição brasileira*, 5. ed., São Paulo, Brasiliense, 1994, sobretudo o capítulo "O popular e o nacional".

o governo constitui-se um dos principais anunciantes, dando sustentação econômica às empresas.

Outras empresas como a TV Excelsior e o jornal *Última Hora*, embora se sustentassem economicamente pelas inovações que introduziram no sistema de produção, não eram viáveis politicamente, sendo forçadas a encerrar suas atividades. "Com efeito, o Estado autoritário tem interesse em eliminar os setores que possam lhe oferecer alguma resistência; nesse sentido a repressão aos partidos políticos, aos movimentos sociais, à liberdade de expressão, contribui para que fossem desmanteladas formas críticas de expressão cultural".[28]

3.4 Televisão

Este meio de comunicação de massa veio a alterar profundamente os hábitos e as relações sociais. Em clima de festa, a vizinhança corria para ver o primeiro aparelho de TV ou a primeira geladeira, em uma época em que as crianças ainda brincavam juntas na rua e o cumprimento entre os moradores do bairro era mais que um gesto mecânico. Rapidamente houve a popularização desses bens de consumo, a televisão não precisava ser mais assistida disputando espaço na casa da vizinha; cada um passou a ter em sua casa e, mais tarde, em seu quarto, uma programação nem sempre vasta e variada como deixam pressupor os gerenciadores de canal pago, cobrindo as 24 horas do dia, tendo à sua disposição, além dos programas transmitidos via satélite, os canais exclusivos via cabo de fibra ótica.

A televisão pode apresentar três funções, ou seja, informar, educar e distrair. No início, a televisão era voltada para a educação, procurando democratizar a cultura, "guiada pela vontade republicana de pôr à disposição do cidadão de todas as classes a expressão do patrimônio cultural. Esta ideia de democratização

---

28. Ortiz, Renato. Op. cit., p. 155.

construía-se de fato sobre uma filosofia social implícita, segundo a qual as formas culturais ocupavam diversos níveis de legitimidade, e segundo a qual também a definição da cultura marcava-se pela hierarquia entre cultura de elite (ou cultura legítima) e cultura vulgar. A ideia da democratização cultural implicava além disso o reconhecimento implícito de uma certa hierarquia no acesso à cultura, portanto uma certa ideia de desigualdade diante dos bens culturais, que era preciso corrigir".[29]

Aos poucos, foi desaparecendo a hierarquia entre cultura de elite e a popular, constituindo-se uma cultura de massa voltada para a audiência. O caráter de diversão foi se sobrepondo, de modo geral, à função de educar e informar.

Em se tratando de programação, merece destaque a série televisiva com sua reiteração sequencial e, no Brasil, a telenovela. Segundo Mattelart:

> A explicação para o espaço privilegiado da série numa programação de televisão repousa sobre uma tensão fundamental entre este imperativo técnico e um modo narrativo que, de longa data, demonstrou seu valor junto aos públicos. Cada um a seu modo, os dois termos desta tensão participam atualmente da legitimação deste modo de narrar. Como num jogo de palavras, se poderia dizer que a nova lógica do cômputo não se administra completamente fora da velha arte de narrar. A série de ficção precisa ser considerada como a interface das estratégias de valorização do capital nas indústrias culturais e da memória coletiva das formas da narrativa. Está na encruzilhada das lógicas econômicas e do que poderíamos chamar de lógicas simbólicas. A primeira lógica simbólica a fundamentar a narrativa serial não é aquela dimensão ritualizada que ela tem na vida cotidiana das pessoas, a condição da repetividade na experiência cotidiana? Os especialistas no campo da televisão têm, há longo tempo, a intuição de que é preciso também ir procurar a legitimidade do objeto série de ficção fora da lógica do capital.[30]

---

29. Idem, p. 167-8.
30. Mattelart, Michèle e Armand. *O carnaval das imagens a ficção na TV*. São Paulo: Brasiliense, 1989, p. 178.

O diretor Marcel Blurval afirma: "A série é caso para contador de histórias",[31] entretanto, o caso é mais complexo, o ritmo e as condições de produção para a TV são muito diferentes dos do contador de histórias.

Osman Lins via a televisão como algo negativo, mas tinha consciência de que ela viera para ficar, fazendo parte do cotidiano. "Seria um ótimo meio de informação, se o homem fosse realmente informado do que acontece. Mas só é informado do que não importa. Vive condicionado, num mundo de engano, longe do real. Na verdade, estamos todos dentro de uma engrenagem. E somos liquidados se entrarmos nela e liquidados se tentarmos fugir dela". [32]

Não é novidade que, além de todo o desenvolvimento tecnológico empregado na transmissão e captação de imagens e sons do aparelho, a televisão possui, por trás dos programas, outros aspectos implícitos.

Walter Clark apontava, em 1975, estratégias montadas tendo como base a pesquisa para estabelecer a relação entre o tempo a ser preenchido e os interesses da audiência de acordo com as faixas etárias, classes socioeconômicas, níveis de educação e cultura e disponibilidade horária para o lazer. "Não se trata de criar uma programação a partir de óbvias preferências populares. Trata-se de corporificar em cada programa, no melhor nível, interesse ou necessidade coletiva de informação, recreação e educação, em gêneros diferentes de apresentação. Ao contrário do que pode parecer, as pesquisas influem muito mais na qualificação e nos gêneros da programação do que na quantificação da audiência. Isso porque as pesquisas diárias e rotineiras de audiência são puramente comprovadoras, ou não, de que as análises e pesquisas mais sofisticadas de hábitos,

---

31. Idem, p. 178.

32. Lins, Osman. Como se numa sala entrasse um pássaro. In: *Evangelho na taba. Problemas inculturais brasileiros II*. São Paulo: Summus, 1979, p. 147. Inicialmente publicado em *O Estado de S. Paulo*, maio 1969.

tendências e formas de comportamento, devidamente manipuladas pela programação e produção evidenciaram os caminhos corretos. Toda vez que uma tendência emergente ou afluente é revelada através da pesquisa ela se cristaliza imediatamente no vídeo em forma de programa".[33]

Conhecer as necessidades e os desejos do sujeito-consumidor, a visão do receptor como sujeito ativo, fornece elementos para compreender a natureza do processo de comunicação. "Momento isolado, clandestino, íntimo, o consumo de programas surge como um risco, preso tanto às estratégias e táticas de integração da eficiência mercadológica como às estratégias e táticas de dissidência que transformam o sentido da regra, recusam-se a tomar os enunciados ao pé da letra, falam quando se pede silêncio, desestruturam o círculo, desorganizam a programação."[34]

São duas forças em interação: de um lado a TV que transmite uma programação própria e de outro, o telespectador que pode recusá-la. "Uma programação se legitima sempre a partir do plebiscito constantemente renovado pela adesão de um público. O dispositivo não pode legitimar-se nem funcionar se não é capaz de pelo menos evocar, ou melhor, exibir seu público. Responder ao público, à sua necessidade e a seus gostos é o argumento maior que dá suporte às políticas de programação, tanto em conservadorismo como em sua abertura à inovação.[35]

3.5 Publicidade

Inerente ao crescimento da TV, as propagandas, que já eram veiculadas no rádio, passam a ter maior importância na

---

33. Clark, Walter. TV: veículo de integração nacional. Palestra na Escola Superior de Guerra (15 set. 1975), *Mercado Global*, ano 2, n. 17/18, 1975.

34. Mattelart, Michèle e Armand. Op. cit., p. 171.

35. Idem, p. 172.

divulgação e consumo dos bens. Muitas vezes, os comerciais superam os programas em qualidade, invertendo-se as funções, revelando-se o poder econômico de forma cada vez mais acentuada, centrado nele mesmo. Como destaca Alain Herscovici, "toda cultura precisa de uma base técnica, mas a cultura tecnológica, no âmbito do capitalismo avançado, tem como único objetivo a rentabilidade econômica através da valorização das mercadorias e dos espaços geográficos. Essa cultura não é mais um fim em si, mas um meio de atingir audiências e de valorizar mercadorias".[36]

As teorias iniciais baseavam-se nas noções de reprodução social e ideológica. Nos países em que a televisão era estatal, as ideias veiculadas por ela coincidiam com as do Estado e, no caso do Brasil, apesar de a televisão ser de iniciativa privada, ocorreu o mesmo. Posteriormente a discussão girou em torno de quem, o estado ou o mercado, teria mais capacidade para estabelecer conexão com os públicos populares. No nosso caso, o cidadão foi visto de formas diferentes pelo Estado e pela cultura de massa, durante o regime militar: para o primeiro, o cidadão constituía "um subversivo em potencial" e para a segunda, "um consumidor ativo e em potencial".[37]

Na década de 50, o público consumidor era formado pelas classes alta e média; "o produto nacional já nasce orientado para certo consumo que não pode ser chamado de popular, o que explicaria em parte a rapidez com que se passa para a fabricação de bens de consumo duráveis já na metade de 50, e cujo mercado é constituído pelas classes de rendas médias e altas".[38]

O consumo popular viria a se concretizar na década de 70, conforme registro do III Congresso Brasileiro de Propaganda, realizado em 1978, e comentado na *Revista Propaganda 238*: "Um

---

36. Ortiz, Renato. op. cit., p. 219.
37. Mattelart, Michèle e Armand. Op. cit., p. 51.
38. Lopes, Maria Immacolata V. de. op. cit., p. 23.

trabalho apresentado pelo Grupo de Mídia chama atenção dos presentes para a existência do chamado *mercado marginal*. Um mercado representado por quase 2/3 da população brasileira e, ainda assim, praticamente ignorado pelos grandes anunciantes e até pelos próprios publicitários."[39]. Esse mercado, embora de baixo poder aquisitivo, vem a consumir os diversos bens disponíveis no mercado como fogões, liquidificadores, ferro elétrico, geladeiras, televisores etc.

Dallas Smythe, sociólogo canadense, em 1977, com seu artigo "Communication: a blindspot of western marxism", critica as teorias nascidas na Europa que viam a televisão apenas como "aparelho ideológico do Estado", de produção de estratégias discursivas. Para ele, "a televisão era, antes de tudo, em qualquer contexto, um produtor de audiência vendável aos publicitários",[40] gerando críticas por sua visão antecipadora do que passaria a ocorrer posteriormente com a privatização e desregulamentação dos meios de comunicação de massa e ampliação do mercado consumidor.

Mattelart aponta que as duas correntes falham quando não tocam na questão do imaginário:

> As censuras cruzadas de economismo ou de idealismo que a economia política e a análise dos discursos se atribuem reciprocamente não chegam a ocultar as questões deixadas em suspenso por uma ou outra teoria crítica da comunicação desde o fim dos anos 60. Aos limites da semiologia de primeira geração — em busca de uma *ciência dos símbolos* —, que não levou muito em conta as condições sociais da produção simbólica, somaram-se as dificuldades encontradas pelas diversas tendências que se valiam da economia política para explicar desta vez o caráter irredutível da produção simbólica através da análise das contingências do processo de sua produção material. Tanto de um lado como

---

39. Artigo De César Ladeira a Zé Bettio, a Record na onda do povo. *Revista Propaganda 283*, p. 37, fev. 1980. Apud Lopes, Maria Immacolata, V. de. op. cit., p. 112.

40. Apud Mattelart, Michèle e Armand. op. cit., p. 148.

de outro, há dificuldade em se propor o imaginário como uma dimensão ativa e essencial a toda prática social.[41]

O estruturalismo, polarizando as discussões sobre significado/significante, forma/conteúdo, dificultou a percepção das transformações provocadas pelos meios eletrônicos de informação e comunicação. Segundo Noël Burch, cineasta, semiólogo e militante político: "A distinção entre a forma e o conteúdo tornou-se um verdadeiro logocentrismo... Não é mais possível continuar a atribuir prioridade absoluta ao poder de encantamento da Palavra precisa repetida incansavelmente enquanto os modos de percepção sociais, dos quais a televisão é apenas um exemplo particular, não são absolutamente regidos por este logocentrismo, mas, bem ao contrário, avançam por caminhos variados, nos quais o lógos é tão-somente um modo de produção da significação entre outros".[42]

Essa afirmação nos mostra um novo direcionamento da televisão que está na base teórica de Marshall McLuhan. Michèle e Armand Mattelart creditam a esse importante teórico da comunicação, três méritos: "ter alterado a ideia da supremacia do conteúdo; ter sublinhado a importância do impacto sensorial em relação a uma tradição de pensamento, propensa a considerar as mídias apenas como manipuladores das consciências; enfim, ter insistido na interação entre as diferentes mídias que se produzem a partir da mídia mais desenvolvida tecnologicamente".[43]

Michèle e Armand Mattelart destacam três elementos básicos para a televisão vencer o processo da industrialização e da internacionalização da cultura: a publicidade, a utilização maciça das sondagens de opinião e a gestão informatizada da produção. Apontam diferenças entre uma cultura oriunda da

---

41. Mattelart, Michèle e Armand. op. cit. p. 154.
42. Idem. Op. cit., p. 155-6.
43. Idem. Op. cit., p. 156.

revolução industrial e a da *terceira onda* ou da revolução eletrônica e da informática. A passagem para "uma cultura inteiramente inscrita na fluidez cibernética, uma indústria cultural determinada pela lógica de um capitalismo transnacional, um capitalismo de fluxo, de comunicação, de redes de imagens que na era pós-moderna somente pode ser representado em movimento", é provocada por uma "prodigiosa expansão do capital em direção a zonas que permaneciam até agora à margem da lógica do produto, a formidável invasão do inconsciente".[44]

Mesmo Osman Lins, que tinha visão crítica da sociedade, recorreu às estratégias de venda, lembrando que Julieta Godoy, sua segunda esposa, era publicitária. O lançamento do livro *Avalovara* contou com forte aparato publicitário. Como afirma Regina Igel:

> Sua estreia foi festejada em ambiente favorecido pela presença de amigos, admiradores, conhecidos e público atraído pela originalidade do convite. Este foi inspirado, em seu desenho, pela estrutura gráfica do romance, uma espiral e uma pedra quadrada. Em papel grosso, cortado em tira representando espiral movente apoiada num quadrado de cartolina, estavam os seguintes dizeres, em leitura circular: Para entender melhor as coisas deste mundo (inclusive este convite), vá à tarde de autógrafos de *Avalovara*, o novo romance de Osman Lins. Um livro que vai provocar uma reviravolta na literatura brasileira. Além de marcado pela originalidade do convite, o livro foi também amplamente anunciado pela imprensa. Pode-se dizer que o romance inaugurou um processo de publicidade livresca: com anúncios deste tipo, o livro, em geral, passou a ser visto como objeto de consumo obrigatório, beneficiando-se a cultura, em última análise, dos estratagemas da divulgação em massa, até então de âmbito limitado a eletrodomésticos, aparelhos de som, automóveis etc. O luxo de comprar um livro para si, e não só para presente, transmudou-se em necessidade. Se a campanha publicitária de *Avalovara* contribuiu para isto, não se saberá, por

---

44. Idem, p. 170.

certo, embora seja possível pensar que sim, que os amplos anúncios aparecidos nos grandes jornais do país (*O Estado de S. Paulo, Folha de S. Paulo, Jornal da Tarde* e *Jornal do Brasil*) tenham feito muito bem ao romance e à indústria livreira em geral.[45]

Como vemos, a publicidade não serve apenas para divulgar bens materiais, mas os bens culturais necessitam desse recurso para sua difusão.

3.6 Consumismo e escola

A evolução dos meios de produção e de comunicação de massa implicou, naturalmente, na busca constante do consumo de massa e a publicidade ganhou destaque, vindo a constituir-se parte integrante do cotidiano das pessoas. Sem querer somos envolvidos por ampla gama de sugestões de consumo, apenas pela televisão; se considerarmos os demais veículos como rádio, revistas, jornais, *outdoors*, folhetos distribuídos nas esquinas ou que chegam às nossas casas pelo correio, mais modernamente via telefone ou correio eletrônico, perceberemos que somos constantemente bombardeados com mensagens estimuladoras do consumo. As crianças e os jovens, inseridos nessa sociedade, terão mais recursos para diminuir/anular o impacto da maciça publicidade se a escola oferecer uma educação para os meios de comunicação; não apenas para a leitura crítica dos comerciais, mas para "a leitura do mundo". Eliana Nagamini, em seu ensaio "Televisão, publicidade e escola", refletindo sobre a escola e a mídia, escreve:

> Uma abordagem pedagógica dos processos que envolvem os MCM (meios de comunicação de massa) constitui um desafio para muitos educadores que reconhecem o papel da mídia na

---

45. Igel, Regina. *Osman Lins — uma biografia literária*. São Paulo: T.A. Queiroz, 1988, p. 99-100.

formação dos educandos. O primeiro obstáculo é a própria instituição escolar que não vê o campo da comunicação de massa como objeto de reflexão no universo da escola, embora ele esteja presente no cotidiano tanto dos alunos como dos professores. Assim, ao partir do pressuposto de que a interação do aluno com as linguagens da mídia produz modos diferenciados de construção do imaginário, a escola incorre num profundo anacronismo, na medida em que pouco ou nada discute sobre determinados valores éticos, estéticos e ideológicos apresentados pelos MCM, tampouco o modo de construção de sua linguagem, nem as possíveis mudanças comportamentais provocadas pelo bombardeio de produtos midiáticos.

O impacto dos veículos de massa na vida do aluno, assim como a influência que exercem nos modos de recepção e interpretação do mundo são fatores que justificam uma abordagem pedagógica desses veículos. Uma *educação para os meios* contribuiria para a formação de um *leitor* capaz de posicionar-se criticamente diante das mensagens transmitidas, reconhecendo que elas não são neutras, já que marcadas por uma série de interesses.

Deve-se considerar, no entanto, que não se trata da substituição do conhecimento consagrado pela e na escola. O aspecto mais importante a fundamentar o trabalho didático-pedagógico é o modo como a mídia opera as linguagens visual e verbal visando a produzir um determinado efeito.[46]

Osman Lins observa que é através da mídia que se estabelece uma relação entre as pessoas mais simples e o mundo urbano e letrado. Em *A rainha dos cárceres da Grécia* aparecem o rádio e o jornal, veículos cujo poder de comunicação baseia-se na palavra, diferentes da televisão que seduz emocionalmente pela imagem. Não que Osman se oponha à imagem, ao contrário, ele a admira enquanto arte. É a força magnetizadora da televisão que ele teme. De forma pitoresca assim se manifesta:

---

46. In: Citelli, Adilson (Org.). *Aprender e ensinar com textos não-escolares*. São Paulo: Cortez, 1997, p. 29-30.

> Certa vez, eu estava no Rio e havia um eclipse lunar. Não havia ninguém nas ruas, olhando o eclipse. Todos o acompanhavam pela tevê. A Guanabara inteira assistindo na tevê ao eclipse, que estava lá fora. As pessoas não estavam interessadas no eclipse. Estavam empolgadas com o fato de ver o eclipse por meio de uma máquina. É isso o que faz com que milhões de pessoas fiquem horas e horas ante um vídeo, assistindo às coisas mais absurdas. Não lhes importa muito o que estão vendo. Importa-lhes, isto sim, estarem vendo algo num aparelho que não deixa de ser maravilhoso.[47]

Por ser maravilhoso, exige dele muito mais cautela. Osman deseja tirar o país do atraso cultural, estimulando a capacidade de reflexão através de seus escritos, mas com o acesso da televisão a todas as camadas da população, ele fica fadado ao insucesso.

Geralmente a falta de tempo é o motivo alegado pelas pessoas para não lerem livros. Osman Lins mostra a incoerência dessa justificativa.

> Em meia-hora, lemos tranquilamente 10 páginas. Isto representa, num ano, 3.650 páginas, que equivalem mais ou menos a uns 20 livros. Já é alguma coisa, não? No entanto, há tanta gente que não leu nem ao menos 20 livros na vida! Não, não acho que a falta de tempo justifique a falta de leitura.[48]

Já faz parte do nosso hábito, desde alguns anos, a assistência de programas televisivos durante período próximo de quatro horas, entretanto, o que torna a proposta de Osman Lins, tão simples, porém tão difícil de se realizar? Mesmo que se conseguisse ler a metade, já seria alguma coisa.

---

47. Lins, Osman. Os muros das prisões estão cheios de palavras. In: *Evangelho na taba. Problemas inculturais brasileiros II*. São Paulo: Summus, 1979, p. 162.

48. Lins, Osman. Os sem-repouso no mundo. In: *Evangelho na taba. Problemas inculturais brasileiros II*. Op. cit., 1966, p. 135-6.

Osman Lins via na televisão fonte de malefícios, tanto para o público como para si mesmo como escritor. A possibilidade de ganhar muito dinheiro poderia desvirtuá-lo de seus ideais, diz:

> Se nos permitimos entrar na engrenagem e escrever segundo receitas, ou seja, transformar o ofício de escritor numa espécie de burocracia, então podem ser excelentes as oportunidades que se oferecem a quem escreve. Exemplo: a televisão, através das novelas. Já fui convidado para essa tarefa, mediante recompensa bem alta em dinheiro. Recusei-me, pois nunca poderia fazer de meu trabalho como escritor um meio de ludibriar o público. As pessoas já estão ludibriadas demais, para que eu acrescentasse, aos enganos de que são vítimas, mais um: o engano de impingir-lhes um produto inferior de meu espírito. Tenho de oferecer-lhes, isto sim, o que eu puder fazer de melhor. No dia em que puder fazer para a televisão um trabalho coerente com este princípio, farei, mas isso nunca será possível em termos de novela. Prefiro não obter os favores do público, mas respeitá-lo. Desde muito escolhi esta posição: primeiro, a maneira de expressar-me, segundo, a minha decisão mais importante: procurar ser, em todas as circunstâncias, eu próprio. Sabe-se que isto não é fácil.[49]

Mais tarde, escreve três "Casos Especiais" para a televisão: *A ilha no espaço* (1975), *Quem era Shirley Temple?* (1976), e *Marcha fúnebre* (1977) na tentativa de poder se comunicar com as pessoas do povo — personagens de seus livros.[50]

> O escritor, principalmente quando realiza uma obra elaborada, tem uma sensação de segregação. Minha experiência de TV tem sido um meio de tentar romper essa segregação, fazendo minha voz chegar a pessoas que de outro modo jamais a ouviriam. Contudo, embora escrever eventualmente para a televisão me divirta bastante, pois jogo com imagens, coisa para mim mais repousante que lidar estritamente com a palavra, não deixa de

---

49. Idem, p. 133-5.
50. No final do livro encontram-se a ficha técnica e comentários correspondentes a esses "Casos Especiais", baseados nos boletins de programação da Rede Globo.

ser um ato de desespero. O ato de um homem que nem sempre podendo se comunicar com seu vizinho pelos seus meios naturais de expressão (no seu caso a palavra literária) vale-se de outros, tomados de empréstimo.

Osman Lins tinha uma visão aguda sobre o mundo em transformação, o que ele demonstra escrevendo obras inovadoras, não se repetindo; e, nas suas aulas, procurando estabelecer diálogo com seus alunos, em uma visão de inter-relação; se os meios de comunicação de massa estão presentes no nosso cotidiano mais importante se faz a presença da literatura e seu poder de formação, ao mesmo tempo em que se resgata a cultura ocidental — praticamente as mais importantes obras estão citadas no livro *A rainha dos cárceres da Grécia*. Compreende-se melhor a presença dos autores clássicos reverenciados na obra, através do que externa em suas entrevistas e o que o livro representa para ele: "Um livro que temos na mão representa um patrimônio da civilização inteira, é uma herança inestimável; por outro lado, em regra, concentra longas reflexões do autor. Se bem escolhido, ele enriquece sempre quem lê. Ora, que sentido tem nos fecharmos em nossas limitações, desdenhando **o livro, que é o mais perfeito instrumento de transmissão cultural**? Qualquer bom livro atua sobre nossos pontos de vista, ajuda-nos a ver mais claramente as coisas".[51]

Em pesquisa realizada na cidade de São Paulo, de 1992 a 1995, em escolas da rede pública e uma particular, constatamos que cerca de 95% dos alunos[52] assistiam a programas de TV, sendo comum famílias que possuíam mais de um aparelho, mesmo entre os professores[53] o índice manteve-se elevado,

---

51. Lins, Osman. Op. cit., p. 135.

52. Questionário aplicado aos alunos dentro da pesquisa "A circulação do texto na escola". In: Citelli, Adilson, *Comunicação e educação: a linguagem em movimento*. São Paulo: Editora Senac, 2000.

53. Os dados relacionados aos professores foram coletados em momento posterior, dentro do projeto de pesquisa "A circulação do texto na escola II". A pesquisa

segundo pesquisa feita posteriormente. A TV, já integrada no cotidiano das famílias, foi introduzida nas escolas, juntamente com a antena parabólica (para programas educacionais de transmissão direcionada) e o computador, por decisão do governo federal. O objetivo deste aparato tecnológico é acentuar as possibilidades do ensino a distância, integrando a escola na comunidade informática. Nesse caso, a valorização da tecnologia novamente se sobrepõe ao ser humano. O sistema educacional valorizando professor e aluno tem maior possibilidade de alcançar resultados positivos. Cito, como exemplo, a gestão de Paulo Freire iniciada em 1989 na Secretaria Municipal de Educação do Município de São Paulo, ocasião em que se reuniram equipes compostas por professores dos três graus de ensino, coordenadas por professores-pesquisadores universitários da USP, UNICAMP, PUC-SP, em um trabalho inédito procurando integrar as diversas instituições e diferentes especialidades, almejando um desenvolvimento conjunto e continuado de formação de professores e reorientação curricular, na tentativa de implantar um programa de longo alcance no tempo e no espaço. Houve muita troca de experiência, leitura e estudo de textos teóricos, produção de textos e relatos de projetos pedagógicos, muitas vezes divulgados e debatidos em fóruns educacionais. As experiências compartilhadas entre professores do ensino fundamental, do ensino médio e do ensino superior estão relatadas no livro *Ousadia no diálogo*,[54] organizado por Nídia Nacib Pontuschka e *Reinvenção da catedral*[55] de Ligia Chiappini.

A presença de aparelhos na escola não promove transformações de imediato. Pelas respostas dos professores, na pesquisa citada anteriormente, verificou-se que eles percebiam a necessidade de utilizar os produtos culturais que são veiculados nos diversos meios, entretanto, sentiam dificuldades e, muitas

---

completa encontra-se em Citelli, Adilson. *Comunicação e educação: a linguagem em movimento*, op. cit.

54. São Paulo: Loyola, 1993.
55. São Paulo: Cortez, 2005.

vezes, desconheciam as características básicas das diferentes linguagens. Mesmo o manuseio dos equipamentos transforma--se em obstáculo por não fazerem parte do cotidiano, como ainda é o caso do computador, para a preparação de algum material pedagógico, porque isto pressupõe um conhecimento básico do equipamento para programá-lo.

As novas tecnologias tendem a acentuar ainda mais os produtos culturais de massa que passam a ocupar um espaço maior no cotidiano das pessoas. As discussões teóricas avançam no sentido de incorporá-las, conseguindo-se maior aproveitamento para a escola e para a educação em um sentido mais amplo, como a educação a distância, videoconferência, e programação via parabólica para atualização docente, a exemplo do *Salto para o Futuro* do Ministério da Educação, *Rede do Saber* da Secretaria da Educação do Estado de São Paulo, *Plateia, Pipoca e Saber* da Rede Cultura de Televisão etc.

4

A rainha dos cárceres da Grécia: as marcas de um tempo

> Os que fiam e tecem unem e ordenam materiais dispersos que, de outro modo, seriam vãos ou quase.
>
> Osman Lins

4.1. Resumo

Este livro[1] conta a história de um professor de Biologia, leitor e apreciador de literatura, que refaz o percurso da vida de sua amada — Julia Marquezim Enone, já falecida, através da análise do livro escrito por ela — *A rainha dos cárceres da Grécia* — e pretenso ensaio a ser escrito sobre ele. O cotidiano desse professor solitário é interrompido com a visita de sua sobrinha com quem passa a trocar ideias sobre o livro analisado.

---

1. A capa, elaborada por Kélio Rodrigues Oliveira, é da edição inicial feita pela Melhoramentos. O livro foi re-editado pela Companhia das Letras em 2005.

Julia (*sic*) é migrante como tantos outros que vieram para o Sudeste à procura de trabalho, sobretudo na década de 70, período em que o governo da ditadura preconizava o milagre econômico e, em São Paulo, cresciam edifícios pelas mãos dos nordestinos. Aqui, ela conhece e convive com esse professor que desvendará sua vida e seu passado.

No livro de Julia, a personagem principal é Maria de França, também nordestina e pobre, cujo problema central é conseguir uma pensão da Previdência Social percorrendo os labirintos da burocracia. Ela passa por muitas dificuldades, é deflorada por Belo Papagaio; tem um namorado, jogador de futebol, que não consegue fazer carreira. Todavia, ela não desiste de viver e lutar estimulada pelas notícias sobre Ana da Grécia em esparsos jornais velhos. Ana constitui o seu contraponto, ela é fonte de admiração por conseguir ludibriar o esquema, fugindo dos cárceres da Grécia, ao passo que Julia é prisioneira do sistema.

A obra possui estrutura complexa devido a esse expediente narrativo: há o livro *A rainha dos cárceres da Grécia* escrito por Osman Lins, há o livro homônimo escrito por Julia e há as ações da rainha que foge dos cárceres da Grécia interferindo no imaginário de Maria de França, personagem de Julia. Aos vários focos narrativos mesclam-se os fatos jornalísticos atuais ao momento da escrita feita por Osman Lins, além das notas de rodapé e citações variadas que integram o livro em uma nova estética.

Através do professor-personagem do livro, exteriorizando seu pensamento a Julia, podemos entender o que o escritor procurava com sua obra:

> *Sei e tu sabias tão ilimitadas serem as obras quanto limitado o nosso alcance. Por isto buscam as obras encarnações mais perduráveis que os homens e, num certo sentido, indestrutíveis: para que muitos espíritos, sucessivamente, aguilhoados pelos segredos infindáveis da obra, possam acumular decifrações. Também por isto, sabias, nós as conservamos: porque sabemos que elas tentam falar-nos, tentam falar-nos, tentam* (p. 211).

Osman Lins foi deixando, no livro, pistas para serem decifradas: "A vida foi uma extensa vigília e tudo preparava o livro, termo de peregrinação. Ele era o ouro do teu ser, o que resta do que os anos queimam" (p. 214).

4.2 Apresentação

A rainha dos cárceres da Grécia é um romance que discorre sobre o próprio gênero literário abordando sua complexidade na criação, os elementos internos e os aspectos exteriores à obra envolvidos como a crítica e a recepção. É um romance que concentra as reflexões de Osman Lins sobre o fazer literário, já aguçadas no início de sua carreira e condensadas durante todo o processo de busca incansável da perfeição revelada através de suas obras, como *Nove, Novena* e *Avalovara*, obras publicadas anteriormente. Segundo Davi Arrigucci Jr., "lúcida e vertiginosa, sua concepção do fazer literário é com frequência explicitada em seus escritos, nos termos modernos de um comentário crítico autorreflexivo, ou latente na ampla teia que teceu narrando ao longo dos anos".[2]

Alfredo Bosi situa Osman Lins entre os escritores pontas-de-lança da experiência formal como João Cabral, Guimarães Rosa, Lígia Fagundes Teles, destacando "a consciente interpenetração de planos (lírico, narrativo, dramático, crítico) na busca de uma *escritura* geral e onicompreensiva que possa melhor espelhar o pluralismo da vida moderna".[3]

As caracterísricas apontadas por Sandra Nitrini em *Poéticas em confronto: Nove, Novena e o Novo romance* são extensivas para esta obra (*A rainha*), que se distancia dos romances tradicionais por apresentar inovações como "a quebra da ilusão referencial

---

2. Arrigucci Jr., Davi. Prefácio do livro *Poéticas em confronto*, de Sandra Nitrini.

3. Bosi, Alfredo. *História concisa da literatura brasileira*. São Paulo: Cultrix, 1980, p. 435.

com a rarefação e a dispersão do enredo, por novos processos de composição da personagem e por uma alta dose de reflexão sobre o romance".[4] Osman Lins aproxima-se do poeta francês Paul Valéry, cujas obras como "Cemitério marinho" ou "A jovem parca" nos instigam com o desafio de decifrá-las. É um trabalho planejado em que "está banido o acaso" e neste sentido Osman Lins reconhece a influência do poeta e ensaísta francês em sua concepção estética: "A soberania da consciência e o governo da atenção, que Valéry, na ordem do espírito, preferia a tudo, constituem minhas regras-mestras".[5]

Muitas das preocupações que afligiam o escritor e professor Osman Lins como: educação, condição social, mercado, mídia e literatura constituem os eventos de sua poética. Evento no sentido dado por Alfredo Bosi: "todo acontecer vivido da existência que motiva as operações textuais, nelas penetrando como temporalidade e subjetividade".[6]

Neste romance, o último publicado em vida, os eventos se fazem presentes com toda a força, devido a urgência do momento. Diante da complexidade da obra, procurei analisar como alguns desses eventos aparecem no livro. Tentei organizá-los em tópicos, perseguindo maior legibilidade e clareza.

4.3 Estruturalismo às avessas

O professor de Biologia, personagem principal deste romance, propõe-se a escrever um ensaio sobre o livro escrito por Julia Marquezim Enone. Procurando a origem desse gênero chegamos a Montaigne. Criado por ele em 1580, o ensaio se

---

4. Nitrini, Sandra. *Poéticas em confronto: Nove, novena e o novo romance*. São Paulo, Hucitec, 1987, p. 17.

5. Lins, Osman. *Guerra sem testemunhas: o escritor, sua condição e a realidade social*. São Paulo: Ática, 1974, p.17.

6. Bosi, Alfredo. A interpretação da obra literária. In: *Céu, inferno — ensaios de crítica literária e ideológica*. São Paulo: Ática, 1988, p. 275.

caracteriza pelo autoexercício da razão, ou seja, implica em um esforço racional de formalizar ideias pessoais e particulares. Massaud Moisés ressalta que na discussão livre, pessoal, de um assunto qualquer, o ensaísta

> (...) não busca provar ou justificar a sua ideia, nem se preocupa em lastreá-la eruditivamente, nem, menos ainda, esgotar o tema escolhido; preocupa-o, fundamentalmente, desenvolver por escrito um raciocínio, uma intuição, a fim de verificar-lhe o possível acerto: redige como a buscar ver, na concretização verbal, em que medida é defensável o seu entendimento do problema em foco. Para saber se o pensamento que lhe habita a mente é original, estrutura o texto em que ele se mostra autêntico ou disparatado: escrevendo a pensar, ou pensando a escrever, o ensaísta só pode avaliar a ideia que lhe povoa a inteligência no próprio ato de escrever. Escreve para divisar melhor o que pensa e saber se pensa corretamente.[7]

No caso em questão, existe uma declarada intenção de escrever sobre sua experiência amorosa, entretanto, o professor de Biologia acaba concluindo ser mais proveitoso escrever um ensaio sobre o livro escrito por Julia, um objeto concreto sobre o qual é possível refletir, evitando se perder no labirinto das recordações: "Ocupar-me do livro oferece vantagens evidentes. O texto impedirá que eu me embarace entre as recordações e imagens conservadas, dédalo a disciplinar" (p. 2). Entre a intenção e a realização, veremos que muita coisa pode mudar, a análise do livro virá tecida de recordações.

Vejamos qual o assunto tratado neste ensaio literário.

Corpus: *A rainha dos cárceres da Grécia*, romance escrito por Julia Enone Marquezim. Portanto, os aspectos abordados são todos os elementos do romance: internos (personagens, narrador, enredo, tempo, espaço, foco narrativo), e externos à obra

---

7. Moisés, Massaud. *Dicionário de termos literários*. São Paulo: Cultrix, 1978, p. 177.

(autor, público, contexto, fontes, recepção, problemas editoriais). Em resumo, é a própria história do romance.

Ao desenvolver a análise do livro de Julia, o narrador critica as teorias em voga, na época, baseadas no estruturalismo, termo que "passou a designar de modo avassalador, que não admite outras acepções, a aplicação do estruturalismo linguístico ao estudo da literatura, com amputação, ainda que de modo estratégico, das conexões histórico-sociais que isto implica".[8] Em outras palavras, Osman Lins incorpora na crítica literária do professor de Biologia, as teorias que estavam sendo ensinadas nos cursos de Letras. As perplexidades e constatações são desse ensaísta amador, apreciador da literatura, que troca ideias com o "ilustre professor A. B." — como aparece no livro a referência ao professor Alfredo Bosi de Literatura Brasileira na FFCLH/USP, amigo de Osman Lins.

Um dos primeiros aspectos ironizados diz respeito à desvinculação da obra em relação ao autor, ela teria valor por si só, não importando o contexto em que fora escrita e qualquer consideração dos fatores exteriores à obra levaria a um descrédito por suscitar uma apreciação estereotipada pela admiração preexistente.

Como professor de Literatura, Osman Lins critica a postura teórica adotada na Universidade porque "este estruturalismo radical, cabível como um dos momentos da análise, é inviável no trabalho prático de interpretar, porque despreza, entre outras coisas, a dimensão histórica, sem a qual o pensamento contemporâneo não enfrenta de maneira adequada os problemas que o preocupam".[9] Em sua prática didática, ele tenta aproximar os leitores, no caso seus alunos, das obras e autores, como foi detalhado anteriormente.

---

8. Candido, Antonio. *Literatura e sociedade*. 3. ed. São Paulo: Companhia Editora Nacional, 1973, Prefácio.

9. Idem, p. 13.

No trecho a seguir, fica evidente a crítica à análise estruturalista que Osman Lins traz para dentro da obra literária:

25 de maio
Vejo, na revista alemã *Burda*, um anúncio das porcelanas de Delf, com o seguinte texto, em meio a uma seleção de jarros e outras peças elegantes: "Não olhe antes o fundo do objeto. Evite reações estereotipadas de admiração ou confiança. Os produtos de Delf se impõem pela sua beleza e qualidade".
(...)
Creio então necessário perguntar — levando ainda em conta o que me dizia A. B. — se não errarei em desprezar um conceito igualmente firmado nos estudos literários e na publicidade da faiança de Delf, ocupando-me de Julia Marquezim Enone (melhor, do seu livro), eu que não sabia e sei o seu nome, como ouço-o repetir-se tantas vezes em mim, dado que fomos amantes. Não estará o meu depoimento desde já condenado à parcialidade, ao malogro, tendo eu de incidir, devido à minha antiga condição, em "reações estereotipadas de admiração e confiança"? (p. 4-5).

A conclusão a que ele chega, em forma de interrogação, dá um tom de provocação, reforçado com outro questionamento expresso no diário, no dia posterior, que não deixa dúvidas pela obviedade.

26 de maio
Posso indagar ainda: assente que o autor não existe, teria eu sido amante de ninguém? (p. 5).

À pergunta ingenuamente irônica, entretanto, vão se apresentar desdobramentos mais sérios:

3 de junho
Pensei bem e decidi não recuar ante decretos que — por mais objetivos que sejam e mais virtuosos — careçam de sabedoria no sentido amplo. Vejamos. Uma simples carta pode ser mais bem compreendida se confrontada com outras — anteriores e talvez até

ulteriores — de quem a enviou. Reiterações e mudanças podem indicar tantas coisas! Como traduzir certos entretons e propósitos senão contrastando-os, opondo-os a uma certa tradição, ou seja, a uma *autoria*? Os mesmos versos não são os mesmos versos, venham do epígono Etienne Alane ou de Hugo. É o que nos afirma, a seu modo, um argentino que entende dessas coisas, Jorge Luís Borges, no conto em que Ménard, palavra por palavra, escreve o romance de Cervantes. O estilo do *Quixote*, natural no seu primeiro autor, em Pierre Ménard faz-se arcaizante. Comparar os dois textos, diz Borges, "é uma revelação": Ménard haveria enriquecido a arte da leitura com uma nova técnica, a "do anacronismo deliberado e das atribuições errôneas". Sugere Borges, dentre outras, a experiência de lermos, atribuindo-a a Joyce, *a Imitação de Cristo*.

Além do mais, estando eu longe de ser — e do desejo de ser — um teórico universitário, por que fixar-me a normas? Vamos em frente (p. 5-6).

Aqui percebemos nitidamente a fala do professor de Literatura, enunciada de forma a ser compreendida por qualquer leitor que se interesse por literatura. O último parágrafo serve para despistar o leitor ou, pelo menos, diminuir as expectativas sobre um direcionamento mais teórico.

Toda a polêmica que acontecia na Universidade sobre o estruturalismo é delineada nesses trechos iniciais do livro e vai aparecer durante o seu desenrolar.

O ensaio aparece diluído no diário que não possui uma estrutura regular, ou seja, a colocação das datas garantem certa regularidade, entretanto, o conteúdo fragmentário das anotações diárias (assuntos diversos, extensões textuais variadas) dificulta a determinação de uma estrutura básica. É como se o livro fugisse de um possível enquadramento das teorias estruturalistas e, ao mesmo tempo, retomando a discussão sobre literatura em uma época dominada pela mídia, de uma fórmula que permitisse a reprodução pelos meios de comunicação de massa.

Como aparece no romance:

> Os densos objetos do poeta, fabricante de sínteses, atraem — hoje, mais do que nunca — inteligências analíticas. Armamo-nos de instrumentos separadores, para deslindar o que é emaranhado.
> Penso: o texto, uma vez decomposto (no sentido químico), decifrado — e se a decomposição integral seria viável e provável, como ambicionar à total decifração? —, de certa maneira se evola. Mesmo pensando assim, **sou homem do meu tempo** (destaques meus) e, como um nadador a quem puxa a corrente, vou sendo levado, neste meu comentário, a separar, isolar, classificar, o que no romance é uno. Neste ponto, penso em algo inviável: uma obra que se apresentasse desdobrada, construída em camadas e que fingisse ser a sua própria análise. Por exemplo: como se não houvesse Julia Marquezim Enone e *A rainha dos cárceres da Grécia*, como se o presente escrito é que fosse o romance desse nome e eu próprio tivesse existência fictícia (p. 47-8).

Como o personagem admite, ele é homem de seu tempo e adere à análise estrutural. O ensaísta chega a levantar a hipótese de que o livro de Julia apresentasse uma estrutura baseada nos dedos da mão. A cada dedo corresponderia um capítulo. "O capítulo I evoca o dedo médio, o que o dedo médio significa para os quiromantes. A escolha parece lógica, quando lemos que o médio implanta-se no monte de Saturno, planeta anunciador de obstáculos "(p. 45). Entretanto percebe ter se equivocado quando vai para Recife procurar a família de Julia e é procurado pelo marido dela. Este fato, exterior à obra, modifica a interpretação que ele fizera do livro.

> *A rainha dos cárceres da Grécia*, sem que uma vírgula se deslocasse, sofreu uma transformação interior. A mão, não a minha ou a de alguém, a mão ideal, abstrata, modelar, que é de certo modo o esqueleto do romance, sua armação, ressecou, ou, para ser mais preciso, ausentou-se, deixando em seu lugar um vácuo. A concepção da obra, tudo o que ministra nas suas artificiosas (e secretas) alusões quirománticas, o nexo aceito pela tradição — e

incorporado ao livro — entre a mão de cada um e os astros, entre cada um de nós e a Criação, tudo rescende agora a equívoco. Uma negativa vinda de fora, do nosso universo cambiante e efêmero, por meu intermédio insinuou-se entre os muros da obra e lá está, fora do meu alcance, triste (p. 116).

O diário do professor com a marcação temporal termina no dia 23 de setembro, com uma curta dissertação sobre a memória. A partir deste ponto (p. 192) desaparecem as datas que, de certa forma, organizavam racionalmente o texto. O registro continua com uma organização mínima, separado em parágrafos revelando a manutenção de alguma lucidez. No final, a partir da p. 213 até 218, desaparecem os parágrafos, como se a loucura do narrador se incorporasse na própria narrativa. Apresenta-se um texto contínuo semelhante à formalização de *O inominável* de Brecht, que foge totalmente da estrutura tradicional.

4.4 O narrador e a polifonia

Há uma proposta do narrador de elaborar o ensaio, que é norteado pela razão, porém sua apresentação formal, estruturada, não existe; ele se dilui dentro de um outro discurso maior, no registro diário, intimista deste empreendimento. E esta solução dá ao autor uma flexibilidade ampla, permitindo-lhe inovações, sem comprometer a coerência, indo ao encontro do pensamento de Lubbock:

> Para o romancista, o uso da primeira pessoa constitui, sem dúvida, uma fonte de alívio no tocante à composição. Esta se faz espontaneamente ou, pelo menos, ele assim o imagina; pois o herói dá à história uma unicidade irrevogável, pelo simples fato de contá-la. Sua carreira talvez não pareça harmonizar-se de modo lógico e artístico; mas todas as partes dela se unem entre si pela coincidência de pertencerem ao mesmo homem. Quando ele próprio a narra, o fato sobressai com vantagem; a primeira

pessoa engloba uma história descosida e fragmentária e marca-a, a seu modo, como um todo[10] (p. 90).

Se o emprego da primeira pessoa permite uma história descosida e fragmentária, Osman vai potencializar a fragmentação com multiplicação dos discursos e dos focos narrativos,[11] com o uso acentuado da ironia (colocando dúvida em cada afirmação) e inserção de vários textos como os jornalísticos, radiofônicos, notas de rodapé, criando ambiguidades.

Antonio Candido dissertando sobre o narrador salienta, na tradição naturalista, o emprego do narrador em terceira pessoa que permitia ao escritor distinguir-se do personagem popular pelo emprego de aspas no discurso direto (que definia o outro) e o uso da linguagem culta no discurso indireto (que o definia). Mesmo havendo uma simpatia, o escritor mantinha um distanciamento com o personagem através da terceira pessoa. "O esforço do escritor atual é inverso. Ele deseja apagar as distâncias sociais, identificando-se com a matéria popular. Por isso usa a primeira pessoa como recurso para confundir autor e personagem, adotando uma espécie de discurso direto permanente e desconvencionalizado, que permite fusão maior que a do indireto livre. Esta abdicação estilística é um traço da maior importância na atual ficção brasileira".[12] Fato extensivo ao romance analisado, pois sabemos que há um movimento do autor na direção das populações mais pobres, não só procurando apagar as distâncias sociais, mas dando relevo às tragédias, neste caso, da mulher comum.

A afirmação de Flávio Aguiar sobre os livros dessa década também é pertinente à última obra de Osman:

---

10. Lubbock, Percy. *A técnica de ficção*. São Paulo: Cultrix, 1976, p. 90.

11. Acerca do foco narrativo, ler dissertação de mestrado *Entre a arte e a vida: um estudo de A rainha dos cárceres da Grécia*, de Maria Teresa de Jesus Dias, FFLCH/USP, 1997, onde a autora faz detalhada análise.

12. Candido, Antonio. A nova narrativa. In: *A educação pela noite e outros ensaios*. 2. ed. São Paulo: Ática, 1989, p. 213.

São romances que, independentemente da técnica de narração que eles tenham, me deixam a impressão de terem sido escritos numa *primeira pessoa* muito brutal. Isso porque as personagens, numa certa medida, são sempre artimanhas da consciência do narrador, ou narradores. Além das dificuldades circunstanciais da censura, de repressão da linguagem, que atingem o cotidiano, isso aí me dá a ideia de que o fato de a sociedade que se constitui no Brasil ter se aproximado mais, e mais rapidamente, do circuito interno do capital, tornou as coisas muito mais difíceis de narrar. (...) A gente falou, por exemplo, de retorno ao século XIX, naturalismo etc. Não estou discordando disso. Mas há essa marca, que eu acho que não estava presente na consciência do narrador do século XIX, que é essa marca do grito pessoal, da narrativa construída a partir de uma *visão pessoal* que quer se desnudar, quer contar tudo o que tem, tudo o que sabe. E quer construir a ideia da totalidade pela ideia da abrangência.[13]

O discurso que a princípio se apresenta monofônico, centrado na primeira pessoa, entretanto, não ocorre. A estrutura narrativa vem pulverizada pela presença de diversas camadas narrativas: a do real-real, a do real-imaginário e a do imaginário-imaginário. Como explica o próprio autor: "A camada do real-real é a de todos nós: a dos acontecimentos de que participamos e que os jornais noticiam. O romance é escrito em forma de diário (com as datas em que eu, o autor verdadeiro, escrevia as respectivas entradas) e esse diário é invadido aqui e ali pelo noticiário da imprensa. Mas a quem é atribuído, no livro, esse diário que escrevi? A um professor secundário de História Natural. Ele se situa, já, no plano do real-imaginário. Mas ele medita e escreve sobre um romance deixado pela sua amante morta. Romance que constitui, no meu livro, a camada do imaginário".[14]

---

13. Aguiar, Flávio. Jornal, realismo, alegoria. In: Arrigucci Jr., Davi. Op. cit. p. 95.

14. "Encontro com Osman Lins", entrevista a Esdras do Nascimento. *Jornal de Brasília*, 13 mar. 1977.

Além dessas camadas, há uma multiplicação de focos narrativos que formam uma visão panorâmica da sociedade brasileira; ou melhor, das agruras do povo brasileiro, dos *problemas inculturais* (expressão criada por ele e título de seu livro de ensaios), apontando, de certa forma, para as feridas que deveriam merecer maior atenção. É uma feliz realização formal dando abertura para um discurso extremamente polifônico, cujo alcance será abordado nos demais tópicos.

4.5 As maravilhas do mundo de Alice

A rainha foi escrito para criar ambiguidades; o livro pode ser assinado por Osman Lins, como por Julia; na verdade são ambas as coisas e mais o ensaio inserido no diário do professor de Biologia, como já foi dito. Em muitos momentos confundem-se as narrações, dificultando a distinção das vozes em polifonia.

Como bem escreveu José Paulo Paes, trata-se esta obra de "um dispositivo de espelhos conjugados em que o jogo de mútuos reflexos põe em xeque não só a noção de homologia como de realidade";[15] a obra "instaura um jogo especular de ambiguidades que, ao longo do seu texto, só fará agravar-se".

Quando julgamos estar frente a um objeto, verificamos que nos enganamos; mudanças ocorrem enquanto pensamos estar diante de um fato; a imagem se transforma à semelhança da visão do gato de Alice, ora não enxergamos nada, ora parte do corpo, às vezes o corpo inteiro; há durante o livro todo este esconde-revela-se-transforma, partindo do próprio título. O que lemos? *A rainha dos cárceres da Grécia*. Qual deles? Escrito por Julia ou pelo professor de Biologia? É uma narrativa clássica como nos sugere o título?

Segundo Lubbock, "A melhor forma é a que tira o maior proveito do tema — não existe, na ficção, outra definição do

---

15. Paes, José Paulo. O mundo sem aspas. In: *Transleituras*. São Paulo: Ática, 1995, p. 33.

significado de forma. O livro bem feito é o livro em que tema e forma coincidem, não se distinguindo um do outro — o livro em que toda a matéria é usada na forma, em que a forma expressa toda a matéria".[16] Nesta obra de Osman Lins encontramos grande complexidade temática expressa em uma grande complexidade formal, resultando em um "vertiginoso caleidoscópio onde se interpenetram e se confundem mundo e texto, linguagem e metalinguagem, sátira e celebração, autor e leitor, realidade e imaginação, tempo e espaço".[17]

A "nova técnica de Ménard" citada à p. 5-6 do romance, vai nos fornecer pistas para detectar "o anacronismo deliberado" e "as atribuições errôneas" disseminados no livro.

No trecho a seguir, diferentes espaços e tempos se interpenetram. Olinda, Recife, cenas que poderiam ser da tomada do monte das Tabocas, citada em *Guerra do "Cansa-cavalo"*, ou de outros levantes que poderiam ter ocorrido em Pernambuco, acentuando o anacronismo com as datas em que o diário vem sendo escrito e com o tempo da narrativa de Julia.

> Quem são os soldados que guarnecem o romance? Concluída a leitura, a primeira e talvez outras ainda, que resta dos seus perfis e armas? Vai Maria de França de um lado para outro e sempre cruza com eles. A princípio, tem-se a ideia de que a ação do livro, ainda pouco explícita em relação ao tempo, corra paralela com algum levante armado, histórico ou imaginário. (...)
> Mosquete? Podia ser ainda uma impropriedade de quem vê no Governador do Estado um Rei. Três linhas adiante, esvai-se a dúvida. Alude-se à defesa do porto, a fortificações de pedra, a trincheiras na praia e então percebemos que certos elementos anacrônicos de arquitetura e de mobiliário — como janelas sem vidro ou cortinas espessas — vêm sendo introduzidas, se bem com parcimônia e que, *assim como Olinda penetra no Recife*, outro tempo distante, irrevelado ainda, invade o tempo da fábula e nele permanecerá,

---

16. Lubbock, Percy. op. cit., p. 33.
17. Paes, José Paulo. op. cit., p. 40.

> concreto e à margem, inacessível: uma guerra antiga, entre o mar
> e a terra (repetição do confronto fluidez/solidez, Recife/Olinda?),
> desenrola-se incongruente nos cenários de um relato que a ignora
> e no curso do qual em nada influirá (p. 118-19).

Neste caso, o anacronismo apontado refere-se ao livro escrito por Julia Enone, mas aparece também no mundo *real--imaginário* do ensaísta.

As citações errôneas estão disseminadas entre as citações corretas, acentuando o tom irônico e desqualificando a metalinguagem do próprio ensaio, como diz José Paulo Paes, ao incluir "no elenco de prestigiosos teóricos da literatura invocados pelo ensaísta — Pound, Propp, Curtius, Lubbock, Booth etc. —, autores fictícios como Dorothy E. Severino, autora de um livro sobre a memória do leitor, ou a linguista Dora Paulo Paes [esposa de José Paulo Paes], estudiosa da 'estilística das bulas', ou ainda a socióloga Cesarina Lacerda, 'aluna por correspondência' de Lucien Goldmann".[18]

Um dos aspectos formais inovadores é constituído pela inserção, no corpo da obra, de matéria jornalística tal qual foi publicada, aparentemente sem coesão (como foi dito anteriormente). As citações, juntamente com os vários planos narrativos, vão se constituindo, pouco a pouco, em um conjunto, à medida que o leitor consegue vislumbrar figura e fundo, discernindo o que se destaca e o que lhe realça, à procura da coerência. Lembra-nos a referência de Barthes acerca do escritor francês cujas obras ultrapassaram os horizontes de expectativa dos leitores de sua época:

> Flaubert: uma maneira de cortar, de romper o discurso *sem o tornar insensato*.
> Certo, a retórica conhece as rupturas de construção (anacolutos) e as rupturas de subordinação (assíndetos); mas, pela primeira vez com Flaubert, a ruptura não é mais excepcional, esporádica,

---

18. Paes, José Paulo. op. cit., p. 38.

brilhante, engastada na matéria vil de um enunciado corrente: deixa de haver língua *aquém* dessas figuras (o que quer dizer, num outro sentido: nada mais existe exceto a língua); um assíndeto generalizado apropria-se de toda a enunciação, de tal modo que esse discurso muito legível é *às escondidas* um dos mais loucos que é possível imaginar: toda a moedinha lógica está nos interstícios.[19]

Parece que o romance de Osman Lins, dada a complexidade e as rupturas de subordinação, ultrapassou os horizontes de expectativa de seus leitores, considerando as dificuldades de publicação, a edição limitada e a mínima manifestação por parte dos críticos. Mesmo o livro de Renato Franco, *Itinerário político do romance pós-64: a festa*, onde há uma análise exaustiva das obras publicadas nesse período, ignora essa obra, não há sequer uma citação.

A rainha formaliza-se em um diário, sendo a primeira data, 26 de abril de 1974 e a última, 23 de setembro, com duração cronológica próxima a dois anos. Este recurso permite a justaposição de textos autônomos, caracterizados pelos assíndetos, em uma total liberdade temática. Transcrevo a seguir um trecho, a título de exemplo:

> 18 de julho
> (...) então notou, suspensa no ar, uma aparição estranha: no primeiro instante, perturbou-se enormemente, mas, depois de observá-la um ou dois minutos, viu que se tratava de um sorriso, e disse a si mesma: "É o Gato de Cheshire, agora terei com quem falar".
> Lewis Carroll, *Alice no país das maravilhas*, cap. VIII (p. 9,10).

A inserção de textos jornalísticos e notas de rodapé caracteriza-se, geralmente, pela intenção de esclarecimento que não constitui o objetivo da literatura, mas aqui, em se tratando do

---

19. Barthes, Roland. *O prazer do texto*. 3. ed. São Paulo: Perspectiva, 1993, p.15.

ensaio do professor de Biologia, provoca na obra um efeito de verdade.

Segundo Anatol Rosenfeld:

> Há nestes enunciados a intenção séria de verdade. Precisamente por isso pode-se, nestes casos, de enunciados errados ou falsos e mesmo de mentira e fraude, quando se trata de uma notícia ou reportagem em que se pressupõe intenção séria.
> O termo "verdade", quando usado com referência a obras de arte ou de ficção, tem significado diverso. Designa com frequência qualquer coisa como a genuidade, sinceridade ou autenticidade (termos que em geral visam à atitude subjetiva do autor); ou a verossimilhança, isto é, na expressão de Aristóteles, não a adequação àquilo que aconteceu, mas àquilo que poderia ter acontecido; ou a coerência interna no que tange ao mundo imaginário das personagens e situações miméticas; ou mesmo a visão profunda — de ordem filosófica, psicológica ou sociológica — da realidade.[20]

Até em relação a isto Osman Lins *suspende* as fronteiras, o que é realidade e o que é ficção, pois elas se interpenetram. (Se pensarmos bem, isso ocorre também na mídia, as notícias têm, muitas vezes, o caráter de espetáculo devido à montagem pelo editor que seleciona os efeitos.) O tratamento complexo que o autor dá à narrativa truncada, entremeada de citações, várias sequências sem uma ordem lógica para nós, sobretudo a relação espaço e tempo, dá ao leitor a sensação de estar, de certa forma, no mundo de Alice, cujas maravilhas se associam a um realismo fantástico. Vejamos no trecho que se segue:

> (...) Se a doença (aqui, não tanto mental quanto verbal) de Maria de França, tornando impenetráveis palavras como antes e depois, tende a diluir no livro o tempo, o suceder dos acontecimentos históricos reais — não na sequência em que teriam ocorrido e sim

---

20. Rosenfeld, Anatol. Literatura e personagem. In: *A personagem de ficção*. São Paulo: Perspectiva, p. 18-9.

desconexos, soltos, ao azar do encontro como folhas já antigas de noticiários, às vezes com anos de atraso e das quais apenas supomos as datas —, o suceder anacrônico desses eventos, postos como fundo à indeterminável peregrinação burocrática da heroína, agrava o processo. À primeira vista, haveria aí uma impropriedade ou capricho: a solução teria algo de superficial, uma solução voltada para a estrutura e indiferente aos centros temáticos da obra, talvez opondo-se a eles. Que vem fazer essa distorção do tempo histórico, esse desmembramento, num relato que extrai a sua força, em grande parte, das prorrogações, da trituração vagarosa de um anseio, em uma palavra, da acumulação do tempo? A objeção não é tão pertinente como à primeira vista finge ser. Por um lado, o que aí ocorre como o tempo imita ponto por ponto a desarticulação do espaço: as permutações ou enrugamentos da topografia real. Por outro, não me parece que a turvação do tempo atenue o que há de desesperador na luta de Maria de França com o mundo burocrático. Ao contrário, todo esse longo envolvimento, contaminado pela imprecisão que a consciência desconcertada da operária origina, dilata ainda mais os anos ao longo dos quais tramita a ação, imersos com isto em uma categoria menos trivial do tempo, exalçado por certa transcendência e no qual ressoa a eternidade. O fado terreno, sem prejuízo do lado contundente e mordaz, voltado para uma sociedade anômala, refrata-se e simultaneamente aparece como peregrinação e suplício fora do tempo, no sempre-nunca, no inferno (p. 206-7).

A relação desse trecho com a obra de Lewis Carrol estabelece-se desde o início, pois há um trecho de *Alice no país das maravilhas* como se fosse uma epígrafe norteando nossa leitura:

> Pensou Alice: "É inútil dirigir-lhe a palavra, enquanto não se manifestarem as suas orelhas, ou, ao menos, uma". Um minuto mais tarde, a cabeça inteira surgirá (p. 206).

Maria de França seria uma Alice em um mundo onde não é capaz de prever os acontecimentos, o chão não é firme, tempo e espaço se desarticulam, as regras fogem à compreensão, a burocracia assemelha-se à Rainha de Copas contra a qual não é possível se defender. De certo modo, há semelhança com o que ocorria com a população brasileira diante dos desmandos do governo, tendo como cenário o mundo fantástico e colorido da mídia.

A sensação que nos passa como leitor, em alguns momentos, é a de estar lendo a obra de Lewis Carrol. Veja o seguinte trecho:

> Era uma sala de cinco metros por sete, aprazível, com um lustroso piso de madeira e jarros de flores. O velho esburacou uma parede a golpes de martelo e de repente viu que por trás da parede havia outra, de aço. Abriu a leve cortina clara e debruçou-se à janela: dava para um abismo do qual não via o fim. Fez um rombo no assoalho, ouviu o rio que deslizava solene sob o piso e mergulhou para sempre nas águas caudalosas (p. 212).

Esse trecho aparece solto. Sem relação aparente com os parágrafos anterior e posterior. Deixa-nos uma interrogação, uma sensação que a lógica não explica porque somos envolvidos por um realismo fantástico. Ora é um peixe que nada debaixo da cama de Maria de França, ora é a voz que prevê o futuro ("Sob a cama de Maria de França, uma voz leva as noites prevenindo-a: — Tome tento, menina. Alguém aqui em casa quer arrasar com a tua vida" [p. 13]), ora é Antônio Áureo, um "espírito de luz" ou o Espantalho, figuras que compõem a realidade fabulosa de Maria de França. Essa fabulação acaba invadindo o mundo do ensaísta:

> (...) Vem de alguma rua coberta de trevas o rumor ritmado de passos, como conseguem ver na escuridão?, estão mais perto e não falam, esgueiro-me junto à parede, piso numa poça, a água entra por **um buraco na sola do sapato**, soa um clarim como de dentro da terra, abafado, a patrulha cruza a rua, não ao longo da rua, cruza-a como se viesse de dentro das casas e entrasse nas casas do outro lado, não vejo os milicianos, ouço a marcha e o ranger de botas, o tinir discreto dos metais, o vento que levantam quando passam, agitam **as abas do meu velho e frouxo paletó**, fino como

lençol. Percebo então leve claridade à direita, não o grande halo ambulante, mas uma pequena nebulosa fixa, e busco-a (assim fazem os viajantes que se perdem nos contos, ao divisarem uma lanterna), o lugar onde estou é mais alto do que eu imaginava, de repente vejo luzes a distância, um navio, as luzes se refletem, é o mar. Não havia, ali, terra firme e massas de edifícios com luzes vermelhas nos páraraios? Flutua quase na linha do horizonte o minguante e o vento do oceano passa entre **os buracos dos meus trajes**, me arrancaria **o chapelão**, não fosse o barbante amarrando-o no queixo. (...) Voltaram as luzes a acender-se ou — estas que cintilam — nunca se apagam? Corro **as mãos informes** na superfície áspera da amurada que se delineia à minha frente (**mão de pano?**) (p. 215).

Nesse trecho vemos a transformação do professor de Biologia no Espantalho, em uma fabulação completa, embora não fique tão evidente, pois os traços vão se revelando aos poucos. Continuando a leitura, mais à frente, percebemos que o mundo do imaginário-imaginário, utilizando as palavras de Osman Lins, contamina o mundo do real-imaginário (do professor-ensaísta):

Era uma vez? Me eis: desfeito e refeito. Onde estou e quem fui, eu, quem sou? No mundo me acho, no mundo deixo. Alô! Eu acendo, eu ardo, eu queimo, eu torro. Sou o fogo de palha, o come-fogo, o fogo grego, a lagarta de fogo, não nego fogo. Seremos uma vez.

Regina Igel aponta a presença do fantástico já em um dos primeiros contos — *Rei Mindinho*:[21]

A realidade tangível e a flutuação do intangível serão retomados, mais tarde, por Lins, como elementos ficcionais depurados, revelando que a comunhão real-irreal não lhe será indiferente,

---

21. O redator do jornal, sem ler o conto, baseado no título, mandou publicar erroneamente na página infantil do suplemento dominical do *Jornal do Commércio*, de Pernambuco.

como aparecem em passagens premonitórias de *Avalovara*, principalmente no tema de 'Cecília entre os leões', e na confluência do real banal com o abstracionismo crítico em *A rainha dos cárceres da Grécia*.

Muito mais trabalhada será a incorporação/diluição do gênero fantástico na obra literária de Lins nos anos que se seguiram depois desse conto. O fantástico, que compõe basicamente todo o interesse da história, se distribuirá fragmentariamente por suas narrativas, não se encontrando o gênero como um objeto temático por si em nenhum de seus trabalhos de ficção. Este elemento será mais perceptível em cenas alucinatórias, como as dispersas por *Avalovara*, ou pela inclusão de cenas esotéricas, como as lembradas por passagens de *A rainha dos cárceres da Grécia*. Enquanto que em "Rei Mindinho" o fantástico tem características de transposição simples e ingênua de uma das inúmeras histórias de fantasmas de domínio universal, sua incorporação ao resto da sua obra foi feita de tal forma que algumas de suas qualidades (ligações com o sobrenatural, visões, fenômenos misteriosos etc.) serviriam de instrumento ou meio para fins ficcionais, e não o próprio fim em si.[22]

Apesar dos acontecimentos do mundo real invadirem o romance, ele continua uma ficção, não deixa de ser um "era uma vez", dando amplitude à criação, ao jogo de palavras.

4.6 Mundo marginal

Se Graciliano Ramos e José Lins do Rego retratam aspectos do Nordeste, *A rainha dos cárceres da Grécia* é a continuação da epopeia nordestina, de uma diáspora forçada pela seca. A mãe de Maria de França sai do sertão para Recife, à procura de uma vida melhor, levando numerosa prole; entretanto, o trabalho de lavadeira continua o ciclo de exploração das classes mais

---

22. Igel, Regina. *Osman Lins: uma biografia literária*. São Paulo: T. A. Queiroz, 1988, p. 38-39.

desfavorecidas. Maria de França passa pela prostituição infantil, trabalha como doméstica, depois como operária industrial até requerer uma aposentadoria precoce por motivo de saúde. É a história comum de grande parte da população brasileira. A história de Julia Enone não difere muito, só que a mudança se dá em sentido sul do país, São Paulo, assim como ocorreu com Osman Lins.

Uma característica da estética de Osman Lins é o registro literário do espaço vivenciado por ele: "De origem social modesta, como costuma ser a maioria dos escritores no Nordeste do Brasil, saiu do interior de Pernambuco, e conquistou primeiro a capital, depois foi a Paris e terminou em São Paulo, 'o centro mais tentável' aos que precisam viver de literatura".[23]

Assim, se em *Guerra do "cansa-cavalo"*, o personagem Antônio diz: "O Monte das Tabocas fica em Vitória de Santo Antão. É minha terra natal",[24] Osman reproduz o dado mais importante de sua terra natal. No *Guia Brasil 4 Rodas*, entre as últimas cidades, aparece Vitória de Santo Antão tendo como única atração "Monte das Tabocas — local de batalha contra os holandeses".[25] Em *Avalovara*, o romance se desenvolve na Europa, Nordeste e São Paulo, locais onde o Autor vivera no período anterior à publicação da obra. Em *A rainha dos cárceres da Grécia*, o narrador vive em São Paulo, embora resgate histórias do Nordeste através de Julia e da personagem Maria de França. São espaços de suas raízes recriados na literatura.

Como se manifestou Ecléa Bosi: "A conquista colonial causa desenraizamento e morte com a supressão brutal das tradições. A conquista militar, também. Mas a dominação econômica de uma região sobre outra no interior de um país causa a mesma

---

23. Depoimento de Mário Hélio. In: *Diário Oficial do Estado de Pernambuco*. Suplemento Cultural, maio/jun. 1998.

24. Coleção de textos de teatro. Concurso Anchieta. São Paulo. Conselho Estadual de Cultura. Comissão Estadual de Teatro. Imprensa Oficial do Estado de São Paulo, 1966, p. 62.

25. *Guia Brasil 4 Rodas*. São Paulo: Abril, 1998, p. 474.

doença. Age como conquista colonial e militar ao mesmo tempo, destruindo raízes, tornando os nativos estrangeiros em sua própria terra".[26] Percebemos que há em Osman grande preocupação em evitar o desenraizamento cultural provocado quer seja pela migração, quer seja pela ditadura ou pelas forças econômicas e os meios de comunicação de massa.

O movimento de migração para as grandes cidades provoca o aparecimento de uma classe marginal com baixo grau virtual de integração, já que não consegue remuneração estável, constituindo um exército industrial de reserva.[27] O termo marginal foi usado aqui na mesma acepção dada por Maria Immacolata Vassalo de Lopes, não significa fora-da-lei mas a participação esporádica no sistema produtivo. Apesar de marginal, o consumo de bens materiais e culturais vai garantir uma *exclusão integrada*.

Este romance aproxima-se de *A hora da estrela* de Clarice Lispector, cuja personagem Macabéa pertence ao contingente de nordestinos que migraram para o Sul.

Fazendo uma análise comparativa, percebemos alguns pontos em comum entre as obras. Há uma certa similaridade desde as condições em que foram escritas, publicadas entre 1976 e 1977, constituindo ambas a última obra publicada em vida pelos autores que viveram a adolescência em Recife e depois migram para o Sul, Osman para São Paulo e Clarice para o Rio de Janeiro. A condição de orfandade vivida pelos dois parece refletir-se em suas personagens solitárias. "A morte prematura da mãe parece ser umas das marcas bastante insistentes na ficção de Clarice Lispector (...) Em *A hora da estrela*, Macabéa é órfã de pai e mãe, criada por uma tia 'muito madrasta má'".[28]

---

26. Bosi, Ecléa. Cultura e desenraizamento. In: Bosi, Alfredo. *Cultura brasileira — temas e situações*. São Paulo: Ática, 1987, p. 17.

27. Nunes, José. Superpopulação relativa, exército industrial de reserva e massa marginal. In: Pereira, L. (org.). *Populações "marginais"*. São Paulo: Duas Cidades, 1978. Ver Lopes, Maria Immacolada V. de. *O rádio dos pobres: comunicação de massa, ideologia e marginalidade4 social*. São Paulo: Loyola, 1988, p. 20.

28. Guidin, Márcia Ligia. *A hora da estrela — Clarice Lispector*. São Paulo: Ática, 1994, p.10.

As personagens Macabéa e Maria de França, pobres e incultas, vivem à margem da sociedade. Assim são caracterizadas:

Macabéa: "Excluída desse universo urbano e burguês, de uma forma ou outra vinculada à vida social, estará a última personagem, Macabéa, cuja miséria cultural e ignorância lhe vedam o acesso à cidade e à constituição familiar."[29]

Maria de França: "Maria de França, vivendo à beira da fome e sem condições para suprir devidamente qualquer necessidade, representa a maioria da população brasileira, ou, em termos amplos, **dois terços** do mundo. (...) Para Maria de França, limitada de maneira total por uma vida parca, riqueza e luxo, inacessíveis em todos os sentidos, escapam inclusive à sua percepção" (p. 156-7 da obra analisada).

Dois terços da população — dado significativo, é o número que o Congresso de Propaganda divulga e para quem a rádio Record dirige sua programação. É mais um dado que nos revela ser Osman Lins um escritor plenamente conhecedor das questões sociais.

Macabéa existe segundo o narrador que se irrita por tentar escrever sua história e, também neste aspecto, as duas obras se assemelham, as personagens são evocadas pelos narradores, após suas mortes.

As duas obras incorporam elementos da cultura popular como a cartomante, a música popular, o futebol, a história *Alice no país das maravilhas*. Mas vamos nos ater àquilo que nos interessa, a relação da indústria cultural com as personagens populares na visão dos dois escritores.

Com o desenvolvimento da indústria cultural, há mudança no imaginário das pessoas que buscam novos padrões de identificação ou de projeção. Renato Ortiz, discutindo a integração dos membros da sociedade no capitalismo avançado e o processo de "despolitização das massas", desenvolve as ideias de Leo

---

29. Idem, p. 16.

Lowenthal sobre as biografias dos ídolos populares. Segundo ele, a mudança no padrão das biografias pôde ser observada, nos Estados Unidos, no decorrer do século. Inicialmente as publicações baseavam-se na vida de homens de ação, políticos ou homens de negócio, estimulando uma busca de realização. Paulatinamente, os ídolos do entretenimento (esportistas, artistas etc.) se inserem na preferência do público, refletindo uma tendência à passividade e de conformismo às normas de sociedade.

Ana, a rainha dos cárceres da Grécia, constitui um mito para Maria de França que toma conhecimento de sua existência através de jornais que lhe chegam às mãos acidentalmente. Ana é admirada porque consegue fugir da cadeia, enquanto Maria de França não consegue se desvencilhar dos labirintos da burocracia.

Marilyn Monroe, bela e sensual, a estrela de cinema, constitui um modelo inatingível para Macabéa, uma simples nordestina anônima em uma cidade grande.

Nos dois casos, as personagens encontram seus mitos através da mídia, Ana da Grécia noticiada no jornal e Marilyn Monroe, atriz de cinema, com as quais estabelecem uma relação de projeção, ou seja, projetam-se nos mitos que detêm os atributos que lhes faltam.

Tanto Macabéa, cuja vida é "a história de uma inocência pisada, de uma miséria anônima",[30] como Maria de França fazem parte de um contingente populacional que se enquadra na descrição de Maria Immacolata Vassalo de Lopes, ouvintes de rádio.

Maria de França, como pessoa do povo, luta pela sobrevivência. Desemprego, doença, casamento, morte, prostituição são fatos que fazem parte de seu mundo. Seu problema maior é receber uma pensão do INSS. Todo processo de solicitação do benefício transforma-se em uma aberração; uma doente

---

30. Guidin, Márcia Ligia. Op.cit., p. 18.

analfabeta e desempregada é marginalizada pela sociedade, antes, com o subemprego e depois, com a negação da pensão. A personagem percorre todos os departamentos que lhe são indicados, providencia os documentos solicitados, faz os exames médicos necessários, entretanto sempre há um empecilho para que obtenha o benefício. Diante de sua impotência, a figura de Ana, a rainha dos cárceres da Grécia, toma vulto e transforma-se em centro de admiração.

> Ressaltemos a importância da Rainha dos Cárceres em relação a Maria de França — e, com isto, seu valor no romance. Propensa a romper com o mundo do trabalho, Maria de França, entretanto, não se insurge — deliberada ou impulsivamente — contra a propriedade e os instrumentos que a resguardam. Não é, assim, como falsária, dama de astúcias, ratuína ou mão de seda que a grega vai crescer na sua imaginação, com um relevo de ídolo ou de mito. Seu prestígio, antes, nasce de uma habilidade que Maria de França considera superior e que o centro-avante Dudu exerce em proporções modestas — **a compreensão de algo impenetrável, o mundo burocrático, talvez simples metáfora do mundo** (destaques meus). Ana, para Maria de França, é — o que ela jamais chega a ser — a heroína lúcida, a vidente, movendo-se ágil, entre mistérios e obstáculos (p. 202-3).

Considerando a teoria dos modos da ficção de Northrop Frye, há três níveis diferentes de personagens no romance: Ana estaria entre o herói e o mito, acima das pessoas comuns; o professor de Biologia estaria no mesmo nível que o nosso e Maria de França seria a personagem típica do modo irônico assim como Macabéa, grosso modo, pois suas ações não se concretizam em sucesso, elas são impotentes diante do mundo e da sociedade. No desenrolar da obra, as personagens vão se apequenando, não por suas ações, mas por força do mundo que as derruba e humilha.

Transcrevo abaixo dois trechos, o primeiro referente a Ana e o outro, a Julia e o professor, que mostram essa perspectiva.

1.

O tempo acumula mudanças no espaço. Para não saber de que modo ele passa, Ana, apavorada, cruza a Grécia inteira, de cidade em cidade, de prisão em prisão: foge das transformações nas coisas e, assim, de apreender um dos modos do fluir do tempo.

Qualquer obra ou construção — bordado, casa, família, poema — ensina um pouco sobre o modo como passa o tempo. Por isto Ana recusa todo compromisso regular, fugindo sempre das circunstâncias que façam algo crescer de suas mãos. As coisas de que se apossa e que, de nenhum modo, ajudou a produzir, talvez não lhe pareçam trazer a marca do tempo.

Fuga impossível. Luta inglória. Ana da Grécia foge de entender o curso inexorável do tempo e é atirada nas prisões, para sentir nessa imobilidade o viajar do tempo e então desesperar: este o castigo seu. Mas acaso não ama de algum modo os interiores dos presídios exatamente porque a imutável nudez aí reinante simula a eternidade e volta o dorso ao tempo? Neste caso, por que foge? Teria sempre fugido no momento em que, em alguma oliveira vicejando no pátio ou no modo como o vento passava a soprar nas muralhas, pressentia o perigo de entender?

Preferia as cidades. Não tanto porque aí se acumulem riquezas e ambições, favorecendo a rapinagem. Não. Porque nas cidades ela sente menos o evoluir das estações. Só vê o campo quando em trânsito — entre uma cidade e outra — e odeia os instrumentos agrícolas.

Tinha a ilusão de que o tempo, emigrando de Creta, fazia servilmente o seu mesmo itinerário? Consta que só por acaso se via nos espelhos e mal sabia como era o próprio rosto. Principalmente, não guardava nada dos rostos que perdera. Assim, sempre tinha o direito de supor que esta jovem parada numa praça ou esta que passava num trem em movimento, olhos abertos por trás da vidraça, eram ela própria e o tempo que volvia. O que, portanto, legitimava esta dúvida: O tempo passava?

Seu próprio nome, Ana, sugeria a ideia de oposição, de movimento contrário.

Certos peixes, no Oriente Médio, inconformados com o passar das águas e a sujeição a esse elemento fluido, vêm à superfície, usam as unhas rudimentares que ornam as nadadeiras ventrais e peitorais, sobem, lamentáveis aves mudas, às árvores que ladeiam o rio e, durante um breve tempo, arfantes, tentam fugir à corrente, sem saber que, entre os ramos, outro rio igualmente incessante vai arrancando as suas escamas. Pobre Ana! (p. 203-5).

2.

Quase ninguém nas ruas, deve ser bem tarde, passam raros veículos em grande velocidade, apitam os guardas-noturnos, meus sapatos novos ainda rangem um pouco e cada passo meu repercute, como repercutem os latidos dos cachorros nos quintais escuros. A muitos metros do solo, na minha sala, um gato dúbio imanta devagar o mundo com a sua substância, irradia-se e é dele, talvez que procuro fugir, eu, esse homem ansioso, de óculos, as mãos nos bolsos da japona. Sobe a Rua Pamplona e para na Avenida Paulista: os sinais de trânsito acendem-se e apagam-se, refletem-se nos seus cabelos quase brancos. Vem até ele o som impossível de uma onda arremetendo sobre as rochas e assalta-o, estrídulo, um odor de algas. Mais estreita e aprazível esta avenida quando a carreta esmagou, aqui, teu corpo leve, Julia (p. 214).

O passar do tempo marca e provoca em nós a consciência da finitude das coisas. O esforço de Ana revela-se estéril, inútil, não há como escapar. No segundo trecho, a morte física de Julia é provocada de maneira bruta, esmagada pela carreta, e o esquecimento, que é a morte da mente, também nos alcança: o gato dúbio, oposto da certeza, Mimosina ou Memosina, que aparece no romance, "imanta o mundo com a sua substância" e de quem o narrador procura fugir. Se o corpo é finito, a palavra é infinita e eterna. E não seria a palavra a verdadeira rainha da Grécia?

4.7 O popular e o erudito

Alfredo Bosi[31] aponta em *Macunaíma*, de Mário de Andrade, "a fusão dos códigos popular e erudito" que "representa

---

31. Bosi, Alfredo. Situação de Macunaíma. In: *Céu, inferno*. São Paulo: Ática, 1988, p.133.

uma conquista praticamente nova". Se na década de 20 era interessante resgatar as manifestações populares e folclóricas em período de urbanização que punha em risco sua existência, agora, não só o popular se faz necessário resgatar, mas o erudito quando os meios de comunicação de massa vêm diluir a cultura clássica. Sobretudo quando "Os valores antigos, religiosos, artísticos, morais, lúdicos, que o capitalismo encontra, são consumidos até o osso e transformados em mercadoria para turista, propaganda para TV (...) rebaixados a objetos de curiosidade do espectador urbano".[32]

A relação entre as diferentes culturas modifica-se com o desenvolvimento tecnológico. Na sociedade artesanal desenvolveu-se a cultura popular e a cultura clássica, diferenciando-se, pela sua origem, entre povo e nobreza. Com a industrialização, surge a cultura de massa que passa a veicular os produtos simbólicos de ambas as partes, incorporando-os de maneira renovada. Se, de um lado, os temas populares como o futebol, o carnaval, a música regional, acontecimentos meteorológicos etc., saem de seu contexto local e ganham divulgação internacional, por outro lado, as obras clássicas (pintura, música, literatura) tornam-se acessíveis ao cidadão comum quer seja pela apresentação de uma orquestra em espaço público ou em transmissão pela TV, quer seja pelo barateamento do produto (livros e telas reproduzidas em grande quantidade) ou pela veiculação através da internet. A cultura de massa provoca não só mudanças na estrutura, no conteúdo, na valoração e circulação das demais culturas, como apropria-se delas de várias maneiras. É a perda da aura da obra de arte pela banalização, lembrando Walter Benjamin, ou "a existência de processos globais que transcendem os grupos, as classes sociais e as nações", segundo Renato Ortiz, que destaca: "Na virada do século, percebemos que os homens encontram-se interligados, independentemente de suas vontades. Somos todos cidadãos do mundo, mas

---

32. Bosi, Ecléa. op. cit., p. 24.

não no antigo sentido, de cosmopolita, de viagem. Cidadãos mundiais, mesmo quando não nos deslocamos, o que significa que o mundo chegou até nós, penetrou nosso cotidiano. (...) O planeta, que no início se anunciava tão longínquo, se encarna assim, em nossa existência, modificando nossos hábitos, nossos comportamentos, nossos valores".[33]

Bourdieu, em sua teoria, destaca os campos culturais ligados às diversas esferas sociais. Em *A rainha dos cárceres da Grécia*, os limites desses campos se diluem, o romance é amálgama de elementos extraídos do campo da produção erudita, do campo da produção de massa e da cultura popular. Todavia, o romance está à procura de sua aura, pela singularidade e autenticidade. A tessitura que o autor faz com os elementos da cultura popular e da erudita será abordada neste tópico, sendo que a cultura de massa terá destaque mais à frente.

Osman Lins, profundo conhecedor dos escritores nacionais, homenageia-os de diferentes maneiras no romance. Dos vários autores reconhecemos algumas características mais imediatas: de Guimarães, o tom memorialista de *Grande sertão: veredas* e a garimpagem do texto; de Graciliano, a temática nordestina voltada para a luta pela sobrevivência. Ao referir-se a Machado de Assis, utiliza-se de alguns recursos estilísticos peculiares como seu léxico (candidez, espairecer, saltar e retomar), a alusão direta ao leitor, a construção de frases concisas e elegantes, como podemos observar no trecho seguinte:

> Acercamo-nos, aqui, de um ponto delicado e que tentarei esclarecer; e os leitores muito cultivados ou aqueles a quem pouco interessa a matéria, bem como os que prefiram conservar, em suas transações com a arte do romance, a candidez de outros tempos, nada perderão se forem espairecer, se saltarem estes últimos dias de novembro. Mas eu proporia retornassem dentro de duas páginas ou três. Muitas surpresas os aguardam (p. 68).

---

33. Ortiz, Renato. *Mundialização e cultura*. São Paulo: Brasiliense, 2003, p. 7-8.

Pode-se constatar que Osman procura evidenciar esse aspecto da obra em diálogo com outras, inserida em uma tradição. Muitas são as obras e os autores citados no romance.

4.7.1 Onomástica

A onomástica presente no livro pode ser interpretada como crítica ao modismo da época como registra José Paulo Paes: "Paródia do bizantismo de uma certa hermenêutica literária *à la mode* é igualmente a perseguição das pistas onomásticas de personagens do romance de Julia Marquezim Enone, perseguição que acaba levando o ensaísta/elocutor a remotas fontes bibliográficas como Eudóxio de Alexandria ou Giovanni Baptista della Porta".[34]

Todavia, não dá para negar que existe uma forma usual do povo designar as pessoas através de características físicas. No livro, temos o personagem denominado Belo Papagaio por "seu nariz recurvo, olho redondo, as pernas arqueadas, o jeito de andar jogando o tronco para a frente e sem o polegar da mão direita, que cortou para não fazer o serviço militar" (p. 14) e Rônfilo Rivaldo, que se destaca por sua estatura, "conhecido no bairro como Espanador-da-Lua". E a onomástica pode relacionar-se também com o mundo clássico. No caso de *A rainha dos cárceres da Grécia*, temos, de início, o próprio título do livro. As personagens denominadas: Alcmena, Enone, Ana da Grécia nos remetem à antiguidade clássica.

A utilização de nomes da antiguidade clássica constitui uma característica de Osman Lins. Regina Igel[35] faz um detalhado levantamento desses nomes. Em *O fiel e a pedra*, ela aponta os personagens Ascânio e Creusa, transportados de *Eneida*, de Virgílio. "Ascânio de Lins é um menino órfão criado pela avó e

---

34. Paes, José Paulo. *Transleituras*. São Paulo: Ática, 1995, p.38.
35. Op. cit., p. 50-51.

pelos tios Bernardo e Teresa, homônimo do filho de Eneias e de Creusa que, na última noite de Troia, é conduzido para fora dos muros da cidade; Creusa, em uma obra, é a mulher de Miguel Benício, e na outra, a mulher de Eneias e mãe de Ascânio. O capanga de Nestor Benício aparece com o nome do historiador Xenofonte, mesmo Nestor provém do herói grego que volta da guerra de Troia. Em *Avalovara*, temos na composição do nome das irmãs Hermenilda e Hermelinda a presença de Hermes, o deus mensageiro".

Voltando para *A rainha dos cárceres da Grécia*, temos:

Alcmena, sobrinha do professor de Biologia. Na mitologia grega, esposa de anfitrião, rei de Tebas. Sua beleza atraiu a atenção de Zeus, que se apresentou com a aparência de seu marido e a seduziu. Dessa união nasceu Hércules.[36]

Enone, a ninfa-pastora que vivia com Páris, ao tempo que este foi chamado a julgar as três belezas, o que deu origem à guerra de Troia.[37]

Cabe lembrar aqui toda a conjectura acerca do nome Belo Papagaio associado a *parrot*, papagaio em inglês, quando o professor de Biologia trata da onomástica presente no livro de Julia. Enone pode ser referência clássica mas comporta também uma associação mais moderna com o inglês: *none* significa negação, e, pela estrutura palindrômica, insere-se como continuidade temporal na linha em espiral de *Avalovara*.

Julia vem associada desde o início com a morte, entretanto, não é uma morte final, absoluta; é uma morte que impulsiona um novo ciclo através da reconstituição memorialística do professor-ensaísta. A literatura resgata a vida, perenizando-a através da palavra, e a cada leitura faz-se a sua atualização. Julia Enone é *none*, não é ninguém. Logo no início do livro, o professor indaga se ele teria sido amante de ninguém. De fato,

---

36. *Grande Enciclopédia Larousse Cultural*. São Paulo: Nova Cultural, 1998, v. 1, p. 156.

37. Igel, Regina. op. cit., p. 53.

ele não foi amante de ninguém, porque Julia Enone não existe, são suas palavras que vão lhe dando existência, ela é a metáfora do ato criador.

Regina Igel, estabelecendo relação entre as duas obras (*A rainha* e *Avalovara*), escreveu:

> Quanto à linha sequencial a ligar esta obra à anterior, percebem-se dois traços que podem ser julgados responsáveis por tal extensão de um romance ao outro. O primeiro traço de união se representa pela escolha do nome "Julia" à personagem-escritora que tentava dar forma ficcional à realidade da vida de Maria, tentando, ansiosamente, erguer uma construção literária a partir de um caso banal. Numa mostra em que se elimina, sob o ponto de vista do presente estudo, uma aleatória coincidência, percebe-se, em Julia, como nome, eco do onomástico do construtor do relógio musical de *Avalovara*, Julius. Lembrando como o relógio pode ser interpretado, com apoio textual daquele romance, como uma metáfora da figura do romancista no ato da criação literária, note-se, para arrimo desta teoria de ligação Julia-Julius que o nome da escritora desfaz o ditongo -ia, que se biparte em hiato (i-a), pela ausência da sílaba paroxítona, como deveria aparecer na versão portuguesa do nome latino "Julia". Um segundo ponto de ligação com a obra anterior de Lins guarda-se no jogo palindrômico do sobrenome "Enone", que tanto pode ser lido da esquerda para a direita quanto ao contrário. Excusa-se de relembrar aqui a força da movimentação palindrômica do romance imediatamente anterior. Neste mesmo levantamento de laços entre o romance *Avalovara* e o atual, note-se o empréstimo mitológico de "Enone", nome de uma deusa que convivia com Páris, antes que este se envolvesse com Helena e a Guerra de Troia. Estende-se, ao romance, o lastro mitológico reverenciado por Lins desde o início de sua carreira de romancista.[38]

Esta análise e a minha aproximam-se e completam-se. Há um lastro clássico e uma retomada temática que aproximam as duas obras.

---

38. Igel, Regina. op. cit., p.113-4.

O erudito se faz presente não só através da onomástica, mas também nas citações de obras clássicas, muitas vezes como epígrafes. O parágrafo em que Belo Papagaio vai deflorar Maria de França inicia-se da seguinte forma:

> O crioulo Otelo falava à jovem Desdêmona 'de muitas tentativas desastrosas, de comovedores acidentes em terra e mar, de perigos iminentes', 'dos antropófagos e dos homens cuja cabeça ficava abaixo das espáduas', segundo acabo de ver, com o intuito de animar e de altear este passo, na minha estante dos elizabetanos. Belo Papagaio fala das estradas de rodagem, de caminhões tombados em precipícios, de rios cheios de cangaceiros... (p. 14).

A aproximação entre Otelo e Belo Papagaio se dá através da fábula que contam às jovens, as aventuras narradas por Belo Papagaio supõem o instrumento para a conquista da virgem, no caso, Maria de França.

O fato de o professor estar escrevendo um ensaio literário permite-lhe inserir textos e autores em profusão. Para se ter uma ideia, nas 10 primeiras páginas do livro aparecem os seguintes autores e obras:

Página 3
    Rimbaud
    Bosi, Alfredo como A. B.
    Hermilo Borba Filho

Página 4
    Laclos — *Ligações perigosas*
    Revista *Communications*
    Revista *Burda*
    Molisani, Bruno
    Hugo — *Escrito na vidraça de uma janela flamenga*

Página 5
> Alane, Etienne
> Borges, Jorge Luís
> Ménard, Pierre
> Cervantes

Página 6
> Joyce
> *Imitação de Cristo*
> Almanaque do Pensamento
> *Almanaque Cabeça de Leão*
> Murry, Middleton

Página 7
> Mansfield, Katherine — *Diário*

Página 8
> Goethe — *Werther*
> Machado de Assis — *Memorial de Aires*
> Gide — *Sinfonia pastoral*
> Nietzsche

Página 10
> Carroll, Lewis — *Alice no país das maravilhas*
> Montaigne
> Cícero
> Propp
> *Dos livros*, ensaios

É possível fazer um índice remissivo pela quantidade de autores e obras citadas, fazendo um percurso das leituras feitas por Osman Lins.

4.7.2 Futebol

Algumas partes do corpo merecem maior destaque na literatura como os olhos, sobretudo se forem de ressaca como os de Capitu, lábios que selam amores em muitos romances e poemas, colos — objeto de suspiro de muitos mancebos —, mãos que saúdam ou se despedem.

Alfredo Bosi escreveu um interessante texto sobre as mãos[39]:

> A mão abre a ferida e pensa. Eriça o pelo e o alisa. Entrança e destrança o cabelo. Enruga e desenruga o papel e o pano. Unge e esconjura, asperge e exorciza.
>
> Acusa com o índex, aplaude com as palmas, protege com a concha. Faz viver alçando o polegar; baixando-o, manda matar.

São citadas as mãos em inúmeras situações domésticas, na construção de casas, nas artes plásticas ou musicais.

> A mão arranca da terra a raiz e a erva, colhe da árvore o fruto, descasca-o, leva-o à boca. A mão apanha o objeto, remove-o, achega-o ao corpo, lança-o de si. A mão puxa e empurra, junta e espalha, arrocha e afrouxa, contrai e distende, enrola e desenrola; roça, toca, apalpa, acaricia, belisca, unha, aperta, esbofeteia, esmurra; depois, massageia o músculo dorido.

Com a diminuição das atividades artesanais, as mãos passam a executar outras tarefas na Revolução Industrial. Segundo Bosi, agora as mãos:

> Pressionam botões, acionam manivelas, ligam e desligam chaves, puxam e empurram alavancas, controlam painéis, cedendo à máquina tarefas que outrora lhes cabiam. A máquina, dócil e

---

39. Bosi, Alfredo. *O ser e o tempo da poesia*. São Paulo: Companhia das Letras, 2004, p. 67-71.

por isso violenta, cumpre exata o que lhe mandam fazer; mas, se poupa o músculo do operário, também sabe cobrar exigindo que vele junto a ela sem cessar: se não, decepa dedos distraídos.

As mãos produtoras adquirem diferente valor em uma nova economia industrial. Em *A rainha dos cárceres da Grécia*, as mãos aparecem em destaque, lembrando a sua importância na produção de bens. Há uma passagem em que o operário não quer mais participar da esfera produtiva e esmaga sua mão em uma atitude de recusa.

Se nas sociedades rural e urbana há alteração no papel desempenhado pelas mãos, o mesmo ocorre com os pés.

O futebol também é mostrado no romance de Osman Lins, dentro dessa lógica do mercado, o jogador não é mais o que se diverte em uma situação de "pelada" como era comum acontecer nos campinhos de periferia, quando a valorização imobiliária ainda não os tinha eliminado. O jogador de futebol aspira agora à profissionalização, transformando-se em um componente do espetáculo.

Há um personagem, Nicolau Pompeu, jogador de futebol, como não poderia faltar em uma história que se refere ao povo brasileiro.

> 3 de novembro
> Nicolau Pompeu, o apagado centro-avante do "Torre", ilustra um aspecto pouco divulgado do futebol brasileiro: o do jogador sem futuro, que se exaure nos gramados ante as gerais sempre vazias, bastardo de um modo tão desigual quanto o de fora dos estádios, com o sobrepeso de que a glória ali é ruidosa, e sem limite o desdém dos campeões, sua indiferença ante os companheiros sem relevo (p. 3).

Um dos sonhos presentes no imaginário da população é o enriquecimento fácil e mágico como ganhar na loteria, ser premiado em programas de auditório ou através da carreira futebolística. O realismo tão duro na vida de Nicolau Pompeu estaria a desmistificar a carreira do jogador de futebol, em alta àquela época e mais acentuada hoje, com o sucesso internacional de jogadores como Ronaldo, Ronaldinho Gaúcho, Kaká e Robinho, que se destacam tanto no esporte como na mídia onde suas imagens, veiculadas pela publicidade, aumentam a notoriedade. O sucesso desses jogadores tem levado alguns alunos da periferia de São Paulo a faltarem às aulas para fazerem testes em clubes esportivos. Muitos pais também apostam todas as fichas na carreira futebolística de seus filhos, não dando a devida importância à formação escolar deles.

4.7.3 Provérbios e ditos populares

Os provérbios e máximas populares aparecem concentrados nas páginas finais do romance. Como diz Ecléa Bosi, "expressões que constituem a sabedoria dos pobres":[40]

- O que aperta, segura; o que dói, cura.
- No mundo acho, no mundo deixo.
- Não nego fogo.
- Tanto faz ser saltimbanco como assaltar bancos, tanto um frade calçado como um fracassado.
- Entramos por uma perna de pinto, saímos por uma perna de pato.
- Foi com um desejo, voltou com dois queijos;
- Foi com dois pães, voltou com três irmãs;
- Foi com três primas, voltou com quatro rimas...

Em *Avalovara*, há a figura de um pássaro gigante, o próprio *Avalovara*, formado de inúmeros pássaros menores, que representaria uma narrativa formada de inúmeras narrativas menores. Linguagem jurídica, jornalística, notas de rodapé, cancioneiro carnavalesco, quiromancia, tudo isso está presente em

---

40. Bosi, Ecléa. op. cit., p. 32.

A rainha dos cárceres da Grécia. Este romance parece se constituir também em uma obra ampla em que o literário conteria todas as demais linguagens, refletindo o momento presente em que a obra foi concebida.

4.8 A mídia

A rainha dos cárceres da Grécia incorpora a mídia, revelando que existe, na literatura, um processo de transformação dando origem a novas formas como ocorreu, por exemplo, com o aparecimento do folhetim, do romance naturalista, do romance reportagem, refletindo, de certo modo, as transformações ocorridas na sociedade.

Como disse Sartre:

> Assim como a física submete aos matemáticos novos problemas, que os obrigam a produzir uma simbologia nova, assim também as exigências sempre novas do social ou da metafísica obrigam o artista a descobrir uma nova língua e novas técnicas. Se não escrevemos mais como no século XVII, é porque a língua de Racine ou de Saint-Évremond não se presta para falar de locomotivas ou do proletariado. Depois disso, os puristas talvez nos proíbam de escrever sobre locomotivas. Mas a arte nunca esteve do lado dos puristas.[41]

A literatura necessita encontrar novas formas para dizer o momento vivido tão inusitado, sem cair em fórmulas, usando muita criatividade, tanto para atender à ansiedade do leitor como para fugir da censura. A mídia, no livro, aparece como elemento constitutivo do mundo em transformação e se coloca na possibilidade de fazer um elo entre realidade e ficção.

Vejamos como as mídias aparecem no romance.

---

41. Sartre, Jean-Paul. *Qual é a literatura?* Trad. Carlos Felipe Moisés. São Paulo: Ática, 1989, p. 23.

4.8.1 O rádio

O rádio constitui o único companheiro de Macabéa, no seu viver solitário. Ela arranja um namorado mas não tem assunto para conversar. Os programas de rádio, ouvidos na solidão de seu quarto dividido com outras moças, constituirão assuntos para os raros diálogos com o namorado, acentuando a tragicidade da situação. Como observou Ligia Chiappini: "o rádio que em vez de atrofiar acaba alimentando sua (de Macabéa) sensibilidade e mantendo viva sua capacidade de perguntar".[42] No caso de Maria de França, nos momentos de loucura, ela é a locutora de uma rádio. De uma forma ou de outra, notamos que o rádio é um elemento cultural do cotidiano e companheiro das pessoas solitárias, abrindo uma possibilidade de comunicação com o mundo exterior. As reflexões sobre o rádio no ensaio do professor de Biologia são pertinentes ao mundo das duas personagens e a Osman Lins que trabalhou em uma rádio.

> Chega ao homem dos morros e dos alagados como (enfim!) a voz da cidade, que o acolhe e reconhece. A linguagem radiofônica, portanto, reveste-se para ele de um caráter ao mesmo tempo balsâmico e recompensador. O silêncio da cidade representa uma forma de negação do ser: para existir, é necessário que a cidade fale. A mensagem radiofônica desempenha esse papel, confirma uma existência problemática e assume, com isso, um estatuto privilegiado e quase diríamos sacral. A interpretação de Cesarina Lacerda talvez explique a atração dos pobres pelo rádio. Seja como for, busca avaliar o significado, na chamada classe C, de um tipo de mensagem altamente cordial, frequente nesse meio de comunicação e lisonjeiro para o destinatário (p. 78).

A mensagem radiofônica se faz cordial pela atenção que dedica às classes populares quer seja pela programação de músicas populares, nordestinas ou sertanejas, quer pela atuação dos locutores com sua linguagem coloquial e emotiva colocan-

---

42. Chiappini, Ligia. Arguição escrita da tese de doutorado de Tânia Pellegrini: *A palavra e a imagem*. UNICAMP, 1993.

do-se no lugar de um amigo ou pelo discurso individualizado destinado à pessoa que telefona ou endereça cartas à emissora. No livro, o rádio é visto pelo seu aspecto positivo, há uma certa reciprocidade entre o tratamento dado pelo narrador ao rádio e deste para os ouvintes.

> Desço pelas escadas, volte numa semana, subo pelas escadas, a pretensão não encontra amparo regulamentar, desço e subo e desço, atravesso as ruas, ninguém sabe o que eu vejo, que sons escuto, nada, ninguém sabe, eu não sei, ignoro o que penso e o que sinto, ignoro o que falo se é que falo, onde estou?, na rua ou em casa?, característica sonora, ponto final em nossas transmissões (p. 76).

Esse é um trecho em que Maria de França se faz locutora de rádio nos momentos de loucura. A familiaridade comum às pessoas pobres com a linguagem radiofônica permite que ela elabore suas mensagens, mesmo que desconexas. A resposta que é dada a Maria de França — "volte numa semana, (...) a pretensão não encontra amparo regulamentar" —, vem contaminada com a descrição das manobras que envolvem a personagem: descer, subir, atravessar a rua. A cena parece um esquete radiofônico em que a personagem sai da instituição com uma resposta cujo alcance é incompreensível; atos e pensamento em monólogo interior são descritos para que os ouvintes possam acompanhar a "radionovela" que termina com um suspense "onde estou? na rua ou em casa?", preparando um gancho para uma possível próxima transmissão. O encerramento se dá com uma sonoridade como acontece normalmente com os programas radiofônicos.

4.8.2 O jornal

O rádio é o companheiro nas tarefas cotidianas, é quem traz algum alento para os que enfrentam as durezas da vida, bem diferente do jornal que, para o analfabeto, se tem alguma serventia, é como papel de embrulho. De forma geral, o jornal não é incorporado no cotidiano, pode chegar às mãos da população de forma esporádica, sem sua principal característica que é a atualidade. À maneira daquela senhora que só ficou sabendo da morte de Getúlio Vargas através de um jornal velho que, casualmente, lhe chegara às mãos, Maria de França toma conhecimento da existência da Rainha dos Cárceres da Grécia, uma notícia perdida no tempo e no espaço.

Nos trechos a seguir podemos observar as inferências que o narrador faz sobre o rádio e o jornal.

> A socióloga Cesarina Lacerda, desenvolvendo sugestões de Lucien Goldmann, de quem foi aluna por correspondência, realizou pesquisa de campo nos bairros operários do Recife e constatou, o que já era previsível, o domínio absoluto do rádio como instrumento de informação e a nenhuma importância do jornal. Menos previsível é o desacordo entre o mundo configurado pelo rádio e, para os que sabem ler, o que estampam os jornais. Os jornais cedo ou tarde chegam à periferia, como papel de embrulho, trazidos pelos pobres ambulantes que os compram a peso para revender, e até soprados pelo vento (p. 78).

O momento histórico vivido por Osman Lins insere-se na obra através da colagem de recortes de jornal e de revistas da época aparentemente soltos. Podemos, no entanto, estabelecer relação entre esses textos e o plano da narrativa. Maria de França, personagem do livro escrito por Julia Enone, adota uma menina que é morta pelos policiais, quando faziam uma busca no morro em que elas viviam. Chamando a atenção para o tratamento dispensado às crianças pelos policiais, há um recorte do *Jornal da Tarde* acerca da operação Camanducaia, fato que teve grande repercussão na época.

> Vinte e dois policiais, dentre eles dezesseis delegados, foram indiciados pela Corregedoria dos Presídios e da Polícia Judiciária como responsáveis pela 'Operação Camanducaia'.

> O promotor J. B. Marques da Silva Filho, da Corregedoria da Polícia Judiciária, terminou ontem seu relatório sobre o caso, encaminhando cópias para o presidente do Tribunal de Justiça de São Paulo, o procurador-geral da Justiça, o juiz de menores, o secretário da Segurança Pública e o ministro Armando Falcão (*Jornal da Tarde*, São Paulo, 17/12/74) (p. 84).

Mais à frente, o ensaísta mostra como funcionava o esquema para garantir a impunidade, estimulando ações desse tipo encobertas pela ditadura, criando uma tradição negativa nos órgãos públicos, sobretudo entre os policiais, que chega até hoje.

> O escrivão J. A. P., suspenso por trinta dias como responsável pela Operação Camanducaia, ouvido pelo juiz corregedor dos Presídios, incriminou vários superiores acrescentando que a suspensão recebida, segundo lhe garantiram, destinava-se a aplacar a imprensa. Logo seria revogada e, como prêmio, ele almoçaria com o secretário da Segurança Pública. Declarou ter recebido ordens para "manter a vitrola quebrada" (não dizer nada), sob pena de aparecer "com a boca cheia de formigas". O eufemismo não corresponde à simples ideia de morte, mas de morte brutal e desvalida, o cadáver jogado em alguma beira de estrada. Sugere também a ideia de castigo e exemplo, transformado em buraco de formigas a boca que não soube calar (p. 67).

Um outro exemplo em que os textos se complementam é relativo ao INPS; podemos ter ideia do que acontecia com a previdência social através de Maria de França, enfrentando o labirinto burocrático para receber sua pensão e a realidade que se faz presente na ficção através de declaração do Ministro da Previdência, divulgada pela imprensa na década de 70.

> Os maiores problemas desta organização — afirma o Sr. Reinhold Stephanes — se resumiriam em um, praticamente: falta ao Instituto Nacional de Previdência Social uma política de previdência e de assistência social (entrevista ao *Jornal da Tarde*, São Paulo, 3/10/74) (p. 33).

Essa afirmação do Ministro da Previdência anulando o poder do INPS teria graça se não fosse trágica. O problema da Previdência, que já se evidenciava naquela época, continuará se acentuando.

As notícias de primeira página da *Folha de S. Paulo*, de 19 de fevereiro de 1997, mostraram que nosso país não mudara muito em relação à época em que o romance fora escrito, o Ministro da Previdência continuava o mesmo, os problemas eram os mesmos, com aumento da violência, da pobreza e do desemprego. Uma notícia desse dia, particularmente, chama a atenção:

> Previdência descarta regras de transição
> O ministro da Previdência, Reinhold Stephanes, descartou conceder um prazo mínimo de transição para o fim da aposentadoria por tempo de serviço. "Se é para ter um prazo, é melhor ficar como está. Mais dois ou três anos, estoura tudo. Daí, vai ter de reformar de todo jeito", avalia.

No segundo semestre de 1998, houve a reforma da Previdência alongando o período de trabalho e a contribuição para o trabalhador conseguir sua aposentadoria. Fernando Henrique Cardoso, Presidente da República na época, quis rebater as críticas sobre a mudança nas regras dizendo que as pessoas eram preguiçosas e não queriam trabalhar. Esse fato acabou gerando certo desconforto por ser extensivo aos políticos que o apoiavam pois alguns deles eram aposentados, logo, enquadravam-se nesse grupo de "preguiçosos que não querem trabalhar e se aposentam precocemente".

Osman Lins, ao criar a personagem Maria de França em busca de sua pensão, estava antevendo a situação da Previdência Social como um problema crônico, manchete de jornais até os nossos dias. Veja o trecho a seguir:

> Os recursos que o Instituto Nacional de Previdência Social (INPS) dedica à assistência médica são insuficientes e as suas diárias hospitalares vêm diminuindo em relação ao custo médio do paciente-dia. Devido em grande parte a esse estado de coisas,

> 48 hospitais brasileiros fecharam suas portas nos últimos dois anos, entre eles o Hospital Boa Esperança, de Itapecerica, que, apesar do nome, funcionou um ano e, com a adaptação de algumas grades, foi transformado em cadeia. (Da reportagem publicada em 21/1/70 no jornal *O Estado de S. Paulo*. Recorte encontrado entre os papéis de J. M. E.) (p. 24).

O trecho da reportagem inserido em *A rainha dos cárceres da Grécia* noticia também a crise hospitalar e a necessidade de mais prédios prisionais, dois problemas a se agravar progressivamente até os dias atuais.

Os textos jornalísticos, no romance, têm duplo efeito: dão um caráter documental ao problema enfocado e acentuam o drama em que a personagem (e a sociedade brasileira) estava envolvida. Segundo Regina Igel, os recortes de jornal promovem "bruscas pontes com a realidade, (...) inflando a narrativa com a comédia humana fora dos limites ficcionais, também constituindo o mundo imaginativo de *A rainha dos cárceres da Grécia*, emprestando-lhe a força da novidade ficcional".[43]

Um outro aspecto que merece destaque é a vinculação do jornal com o mundo marginal ao qual pertence Maria de França. Se de um lado a leitura das classes populares resume-se, basicamente, ao noticiário policial, por outro lado a imprensa coleta notícias nesse mundo marginal, marcado pela violência: ora são menores carentes abandonados em Camanducaia, ora é a filha adotiva de Maria de França morta pelos policiais ou Ana da Grécia, larápia, fugitiva de diversos cárceres.

4.8.3 A publicidade

A questão da publicidade, que já foi tratada no capítulo anterior referente aos meios de comunicação de massa, é retomada

---

43. Igel, Regina. op. cit., p.113.

novamente por estar presente em *A rainha dos cárceres da Grécia*. Osman Lins, que convivia com a escritora e publicitária Julieta de Ladeira Godoy, conhecia a importância da publicidade, basta lembrar o lançamento do romance *Avalovara* feito através de enorme campanha em vários jornais de grande circulação no país. Se Osman Lins imprime ao narrador de *A rainha* suas vivências, transportando os acontecimentos de sua época para o romance, as reflexões sobre publicidade também compõem a tessitura dessa narrativa.

O personagem, alterego do autor, conhece a força da publicidade que produz "um fenômeno geral, a hipnose do supérfluo que ofusca hoje em dia as classes pobres" (p. 157).

O consumismo não se aplica apenas às classes mais abastadas. Existe, segundo Maria Immacolata Vassalo de Lopes, "um consumo marginal institucionalizado no mercado urbano de bens e serviços" e as formas de consumo exprimem uma "estratégia de sobrevivência própria dos grandes contingentes populacionais mais desfavorecidos no meio urbano".[44]

Maria de França, estando em uma escala social tão baixa, alijada do mundo da produção e do consumo, não consegue entender a mensagem da publicidade: "é insensível às pratarias e louças exibidas nas lojas, aos automóveis, às moradias luxuosas, aos tecidos bons, aos restaurantes e a tudo que expresse fartura: só compreende o pouco" (p. 157). Não parece ser o caso de ingenuidade de Osman ao torná-la resistente ao consumo, mas de idealizar sua personagem, preservando-a da influência negativa da publicidade, uma vez que ela cria sempre novas necessidades. A luta de Maria de França é por coisas fundamentais e não-supérfluas.

Se, de um lado, os meios de comunicação de massa aguçam as tensões sociais por reforçar o caráter marginal das classes populares, de outro, contraditoriamente integram-nas

---

44. Lopes, Maria Immacolata V. de. op. cit., p. 83-84.

nos padrões modernos quer pelas aspirações, quer pelas normas de conduta e pelo próprio consumo que disseminam.[45]

No trecho a seguir, o narrador continua desenvolvendo seu ensaio sobre publicidade:

> 17 de julho
> Mas será mesmo verdade que o embotamento do necessitado diante da riqueza carece de valor psicológico? A população aborígene africana com a qual ao longo de oito anos conviveu B. L. Magyar era indiferente, por não alcançar sua importância, a fenômenos como o eclipse do Sol[44]. Para Jean-Paul Sartre, a obra só existe no nível de capacidade do leitor vf. e f.[45]; a partir daí, seria necessária uma educação, esclarecendo-o. **No que tange à riqueza, à compreensão da riqueza, pode-se indagar se tal educação não vem sendo exercida pela publicidade.** Se for, esse instrumento do capitalismo, gerando, a princípio, diante dos bens e das necessidades, uma noção errônea — como tende a suceder, no início, com qualquer aprendizagem —, terá a longo prazo função subversiva.
>
> 44. Citado por Ernest Grassi, *Arte e Mito*, Lisboa, Livros do Brasil, s/d., trad. de Manuel Pinto dos Santos, p. 41.
> 45 *Situations II*, Paris, Gallimard, 1948, p. 96.

Mais uma vez se destaca a importância da educação tanto para entender o alcance de uma obra ou dos fenômenos naturais como para neutralizar a *função subversiva* da publicidade.

A ação da publicidade, muitas vezes, se faz de modo sutil. Osman Lins percebeu que escritores como Carlos Drummond de Andrade (cronista) e Fernando Sabino tinham maior espaço do que Machado de Assis e João Cabral de Mello Neto nos livros didáticos porque "ambos cultivavam a crônica jornalística",[46] ou seja, a mídia acabava interferindo até no conteúdo desenvolvido em sala de aula, pela publicidade que conferia aos escritores.

---

45. Idem, p. 86.
46. Lins, Osman. *Do ideal e da glória: problemas inculturais brasileiros*. São Paulo: Summus, 1977, p. 147.

A publicidade, no romance, vem acentuar a coexistência da riqueza e da pobreza, do moderno e do arcaico ou subdesenvolvido na nossa sociedade. O descompasso pode ser observado também entre o Brasil e os países do primeiro mundo, nos recortes dos jornais que se seguem.

> 19 de julho
>
> Astronautas russos e norte-americanos acoplam a 200.000 metros da Terra. As águas mais uma vez sacrificam cidades do Nordeste, algumas praticamente eliminadas do mapa, o Capibaribe inunda 80% do Recife e atinge 700.000 pessoas, desalojando 35.000, isto sem falar nas casas que ruíram, nos 1.000 quilômetros de ferrovias levados pela torrente, nas 100 mortes comprovadas e na ameaça de surtos epidêmicos.
>
> Esta não é a única notícia lutuosa a transitar dos jornais para o meu livro, invadindo-o. O material obsoleto da Central do Brasil causa desastre de grandes proporções, com descarrilamento, 11 mortos e 372 vítimas; o frio que alastra a região Centro-Sul mata desabrigados nas cidades e provoca a geada mais devastadora já sofrida pela agricultura brasileira, gerando desemprego e um decréscimo calamitoso na produção de trigo e de café (especulação imediata, com muitos pontos de alta, nas bolsas de Londres e de Nova York) (p. 159).

A divulgação de notícias acompanhadas de números e porcentagem mostra uma sintonia da obra com o seu tempo. Curiosamente, uma notícia positiva (sucesso dos astronautas americanos e russos) abre o texto que é finalizado com outra notícia positiva (pontos em alta na bolsa de valores de Londres e Nova York), ambas do exterior, todas as demais notícias referem-se ao Brasil e são negativas. O texto parece querer contradizer o discurso ufanista do *milagre brasileiro*[47] apregoado pelo governo da ditadura, realimentado pela conquista da terceira Copa

---

47. O milagre brasileiro é a denominação dada à época de alto crescimento econômico durante a ditadura militar. Entretanto, ocorria também o aumento das desigualdades sociais e as obras grandiosas, como a Transamazônica, ficaram inacabadas.

do Mundo de Futebol e a criação do slogan: "Brasil, ame-o ou deixe-o".

A notícia dos astronautas insere-se na corrida espacial, importante plataforma da Guerra Fria.[48] A disputa entre Estados Unidos e União Soviética (URSS)[49] pela conquista do espaço foi o grande impulso para a exploração espacial e resultou em grandes avanços científicos e tecnológicos. Embora os dois países fossem concorrentes, Osman Lins escolhe um fato envolvendo astronautas russos e americanos a 200.000 metros da Terra, colocando-os no topo da notícia, reforçando a ideia de liderança dos Estados Unidos e da União Soviética situados no topo do desenvolvimento econômico e tecnológico, modelos a serem seguidos pelos países subdesenvolvidos como o Brasil. Desse modo, ele acentua o atraso do nosso país que mal consegue gerir o obsoleto sistema ferroviário, ocasionando desastre em grandes proporções enquanto eles conseguem fazer manobras perfeitas com os foguetes.

No trecho seguinte, transparece o clima de euforia do divulgado *milagre brasileiro*, no caso, a eficiência na produção de armas, e a presença de generais no comando, após o golpe militar de 1964:

20 de julho
Compenso a nota de ontem: a Presidência da República sancionou a lei que cria a IMBEL, empresa destinada a fabricar material de guerra e recebida com exultação pelo setor privado. O assessor de vendas da Rossi, fornecedora tradicional do exército, ilustra a euforia desse ramo da indústria ao declarar: "Em Brasília, esta

---

48. No quadro internacional, a oposição entre socialismo e capitalismo foi levada ao extremo após 1945, em uma bipolarização política, ideológica e militar que afetou o mundo todo. Embora cada lado defendesse seus interesses e procurasse se fortalecer ainda mais, não houve confrontos diretos, por isso esse estado de tensão recebeu o nome de Guerra Fria.

49. Nesta época havia duas superpotências: os Estados Unidos liderando os países capitalistas e a União Soviética (dissolvida oficialmente em 25 de dezembro de 1991), os países comunistas.

semana, eu disse a três generais que podem pedir até uma bomba. Nós fabricamos logo" (p. 159-60).

A utilização da publicidade e dos meios de comunicação para fins políticos não é novidade, Estados Unidos e União Soviética haviam intensificado esse expediente na Guerra Fria. A principal arma utilizada foi a propaganda e os canais internacionais de comunicação constituindo o campo de batalha. As notícias veiculadas por eles influenciavam pessoas e povos na captação ou na fidelização de países em cada bloco: capitalismo ou comunismo.

4.9 A questão da recepção

Osman Lins ressalta o papel do leitor em *A rainha* e neste ponto também sua obra é inovadora porque incorpora no romance as questões sobre recepção. Tanto esta obra como seus ensaios publicados em jornais nos chamam a atenção para um novo receptor que está surgindo (bem diferente do leitor de romances encarnado na figura de Lucíola, de José de Alencar, ou em uma Ema Bovary, em uma sociedade burguesa); ou seja, um leitor exposto às múltiplas mensagens da mídia, em um mundo globalizado (ou em vias de). Constatamos que o professor-personagem conhece a revista alemã *Burda*, cujo público alvo era constituído por donas-de-casa que buscavam sugestões para as prendas domésticas como costura, tricô, crochê, culinária; um público que estava em vias de extinção dadas as facilidades promovidas pela globalização da economia: apreciar uma geleia francesa ou comprar uma confecção chinesa por preços módicos. (As lojas Pernambucanas, que se tornaram famosas por serem especializadas na venda de tecidos, já não vendem mais o produto. A roupa pronta tomou conta da rede.) A citada revista que era muito procurada na década de 70, ainda circula, juntamente com outros títulos que se multiplicaram devido à nova valorização do artesanato e dos trabalhos manuais. No romance, este periódico juntamente com as demais publicações como jornais, outras revistas, propagandas, outros veículos de comunicação (rádio, televisão), e outras linguagens (jurídica, futebolística, quiromântica) mostram um complexo de linguagens a que os personagens são expostos e, bem ou mal, incorporam no seu cotidiano.

No caso da linguagem jurídica, de difícil compreensão para Maria de França, torna-se o primeiro empecilho a ser vencido no pleito de um benefício que não virá. A dificuldade que este tipo de linguagem apresenta para um leigo é incorporada no romance, transmitindo-nos a sensação de estranhamento correspondente ao que acomete Maria de França devido ao vocabulário, pelas citações em latim e pelo pensamento tortuoso.

> 19 de janeiro
> Dispensáveis também instrumentos apurados para captar a intenção caricatural das passagens em que interfere a gente da Justiça: advogados, juízes ou simples escrivãos. A romancista aqui, explora o pesado vocabulário dos tribunais e, sem renunciar ao tom geral da obra, imita a suficiência e a aptidão sofismática dos arrazoados jurídicos, aludindo obliquamente ao fato de constituir essa linguagem uma rede.
> (...)
> A lei, distintos jurados, tem que ser escrita numa língua nobre, se possível morta e enterrada, desconhecida das gentes, porque senão perde a graça. O modelo das leis são os oráculos e cada servidor será um intérprete. Por isso, todos são iguais perante a lei e, sem razão alguma, pode-se ter ganho de causa ou ser absolvido, tudo dependendo de nós, seus humildes guardiões e hermeneutas *uti possidetis*. Já imaginou que chato, peticionária, se todo gato--pingado soubesse quanto tem de pagar quando se mexe ou abre a boca? O sentido natural da Justiça exige que o povo em geral dependa de uma plêiade — nós —, porque de acordo com o artigo primeiro, você, infringindo as cláusulas segundas, beneficia-se do item anterior, incorrendo nas penalidades inerentes ao parágrafo final, no uso todavia das atribuições que lhe conferem as alíneas

correlatas e revogadas as disposições em contrário. Ou, conforme preconizam os tratadistas: *Ab hoc et ab hac* (p. 91-2).

A recepção desse trecho pode variar considerando que o ensaísta percebe e aponta para nós, leitores, a "intenção caricatural das passagens" no livro de Julia. A junção da linguagem jurídica com a linguagem rasa da personagem cria um texto saboroso, apontando para o aspecto lúdico da linguagem.

A rainha dos cárceres da Grécia mostra-nos o problema da recepção, os meandros que o leitor percorre para dar sentido ao texto. Todavia, por que esta obra não teve melhor recepção que as demais escritas pelo mesmo autor? Há dois enfoques que se evidenciam: internamente a obra discute a recepção, externamente, diante do público, não tem aceitação, pelo menos não tão unânime como costumava acontecer com as obras anteriores de Osman Lins.[50] Se internamente a obra ressalta a leitura crítica, ela não ocorre em relação ao público leitor porque o livro apresenta-se como um enigma a ser decifrado de que uma primeira leitura não dá conta. Provavelmente, devido a aspectos dificultadores como: diversos tipos de discursos, enredos entrelaçados, citações em quantidade por ser um ensaio, variação de foco narrativo, vocábulos eruditos, neologismos, ironias, colagens de textos, sobreposição de espaços e tempo — em oposição às facilidades que os meios de comunicação promovem na tentativa de captar mais consumidores.

O livro solicita reflexão na sua leitura, o que nem sempre acontece com os meios de comunicação de massa. Muitas vezes lemos as notícias nos jornais e continuamos nossas vidas como se nada tivesse acontecido; quando muito, ficamos indignados até a edição do dia posterior, quando mais notícias nos chegam do mundo todo, deixando-nos impotentes diante da enxurrada

---

50. "A Melhoramentos, depois de mais de 2 meses, decidiu publicar o meu novo romance". Desabafo a seu amigo Lauro de Oliveira em carta datada de 7 jun. 1976 e publicada no Suplemento Cultural do *Diário Oficial* de Pernambuco em 1998.

de problemas, embotando nosso poder de discernimento e de decisão.

Na sociedade de consumo, a passividade marca nosso cotidiano; com a ausência de experiências, somos informados devidamente pelos meios de comunicação de massa.

Walter Benjamin, analisando as transformações na sociedade moderna, observa o declínio da narrativa substituída pela informação:

> O saber, que vinha de longe — do longe espacial das terras estranhas, ou do longe temporal contido na tradição —, dispunha de uma autoridade que era válida mesmo que não fosse controlável pela experiência. Mas a informação aspira a uma verificação imediata. Antes de mais nada, ela precisa ser compreensível *em si e para si*. Muitas vezes não é mais exata que os relatos antigos. Porém, enquanto esses relatos recorriam frequentemente ao miraculoso, é indispensável que a informação seja plausível. Nisso ela é incompatível com o espírito da narrativa. Se a arte da narrativa é hoje rara, a difusão da informação é decisivamente responsável por esse declínio.
>
> Cada manhã recebemos notícias de todo o mundo. E, no entanto, somos pobres em histórias surpreendentes. A razão é que os fatos já nos chegam acompanhados de explicações. Em outras palavras: quase nada do que acontece está a serviço da narrativa, e quase tudo está a serviço da informação. Metade da arte narrativa está em evitar explicações. (...) Ele (o leitor) é livre para interpretar a história como quiser, e com isso o episódio narrado atinge uma amplitude que não existe na informação.[51]

Como vemos, narrar não é só informar, há algo mais em jogo. As narrativas trabalham a palavra, valorizando seu aspecto polissêmico, dando abertura para uma leitura mais profunda e complexa.

---

51. Benjamin, Walter. O narrador. In: *Obras escolhidas*. São Paulo: Brasiliense, 1986, p. 202-203.

A rainha dos cárceres da Grécia, obra gestada na história, traz as marcas de sua época. Este livro está à procura do seu leitor, um leitor especial que nele encontre uma resposta para as perguntas de seu tempo, e leitores futuros que o reinterpretem dentro de outras perspectivas, servindo de contrapeso para as facilidades e passividade que os meios de comunicação de massa possam sugerir.

Um leitor desprevenido poderá encontrar dificuldades na fruição do livro *A rainha dos cárceres da Grécia*, que solicita um leitor diferenciado. Iser observa que todo texto apresenta vazios,[52] em menor ou maior quantidade, indicando relações potenciais as quais deverão ser conectadas pelo leitor; sendo o texto literário mais aberto, muitas vezes, sua compreensão pode não acontecer quando a obra estiver além do horizonte de expectativas[53]. Esse livro estaria no limiar do horizonte de expectativas do leitor, entre compreensão/incompreensão pelas inovações formais e temáticas, distanciando-se dos valores canônicos tradicionais. O próprio Osman Lins reconhecia que suas obras poderiam apresentar certa dificuldade para o leitor médio porque ele evitava repetição de palavras. Se a dificuldade iniciava no léxico, a extrema complexidade da estrutura torna o livro quase uma barreira para o leitor médio, talvez até para um leitor com maior fôlego.

Osman dizia que ser escritor em época de mídia altamente desenvolvida já é ser revolucionário. Analisando as condições de produção de um e de outro, evidencia-se a luta quixotesca do escritor. Na produção dos meios existe sempre uma equipe, geralmente numerosa, subvencionada pelo poder econômico, produzindo farto material que depois é selecionado, tratado e editado com aparência agradável para os receptores, usando sempre a linguagem da sedução e todo o esquema para vender

---

52. Iser, Wolfgang. "A interação do texto com o leitor". In: Jauss et alii (org.). *A literatura e o leitor*. Trad. Luiz Costa Lima. Rio de Janeiro: Paz e Terra, 1979. p. 106.

53. Jauss, Hans Robert *apud* Zilberman, Regina. *Estética da Recepção e História da Literatura*. São Paulo: Ática, 1989. p. 34.

mais. O escritor de literatura caminha em sentido oposto, trabalhando sozinho e fugindo da banalização, da palavra gasta.

No trecho a seguir, há uma aproximação entre dois tipos de leitores, o moderno leitor de jornais e uma leitora semialfabetizada, que acabam se nivelando por baixo, dada a avalanche de informações que são postas em circulação diariamente.

> Maria de França é receptiva à leitura. Mecanicamente, por assim dizer, reage à palavra impressa, onde quer que a encontre. Nada, portanto, que se relacione, mesmo de longe, com qualquer ideia de formação cultural. Ao contrário, em trânsito num mundo que não entende, o acesso à infinidade de escritos que a submergem — embalagens de remédios e enlatados, bulas, volantes, almanaques, folhetos populares, letreiros comerciais, cartazes de rua, folhas soltas de jornais — só contribui para ainda mais atordoá-la. Principalmente o acesso a pedaços dos diários e das revistas ilustradas.
> A rigor, ela não difere substancialmente, senão em grau, do moderno leitor de jornais. (...) Mas quem hoje é bastante informado para, percorrendo os jornais, apreender todo o vocabulário e estabelecer as conexões indispensáveis entre os fatos? Basta que se interrompa durante uma semana — ou menos — o convívio com eles e é como se houvéramos perdido os últimos capítulos de algum folhetim absurdo e labiríntico. Novos nomes surgiram, inclusive de países até à véspera inimagináveis; não sabemos o desfecho de episódios que nos empolgavam; outros, para nós nebulosos, aparecem em caixa alta. Mesmo quem os lê todos os dias, esbarra diante de fatos que, ocupando meses e até anos, nem assim chega a compreender, como se tratasse de algum insondável problema metafísico, o que levaria o Cardeal Cicognani a declarar, em entrevista a *L'Osservatore Romano*, quando nomeado, em março de 72, deão do Sacro Colégio: 'Sim. Deus sabe tudo. Mas não tudo que sai nos jornais'.
> Que significa então para Maria de França essas folhas impressas cujo conteúdo global desafia a onisciência divina? Precisamente o que são, para todos, em maior ou menor grau: a selva incompreensível do mundo, agravado esse mistério pelo modo como Maria de França recebe-os, em pedaços e quase sempre fora de tempo (p. 200-1).

Causa surpresa que esse texto tenha sido escrito há cerca de 30 anos, dada a atualidade da situação. É certo que as publicações (jornais, revistas) multiplicaram-se, e os novos meios de comunicação como computadores, *notebooks*, *palm-tops*, fax, celulares com recursos variados permitem a circulação de um fluxo incessante de informação. Todavia, o que aparece delineado é uma profusão de notícias, frente a qual o leitor (ou telespectador, ou usuário) necessita fazer escolhas. Diante desse leque de ofertas, a tomada de decisões se impõe no cotidiano e em um ritmo mais acelerado. Os *sites* de busca, via Internet, possuem banco de dados onde quase tudo (se não tudo) está cadastrado, o que não quer dizer que o internauta localizará a informação desejada, pelo menos no tempo disponível, diante da avalanche de opções possíveis que precisam ser lidas, mesmo que minimamente, para verificar a adequação à sua necessidade.

O trecho anterior também faz refletir sobre a luta de uma analfabeta funcional pela sobrevivência no meio letrado. Transportando o problema para os dias atuais, vemos que a complexidade aumenta. Quem já não passou pela experiência de ver tentativas frustradas de um aposentado ou de uma aposentada para receber o benefício mensal da Previdência? A digitação das senhas numérica, alfabética, frase mnemônica, data de nascimento etc. precisa ser feita com rapidez, pois o programa do caixa eletrônico faz voltar à tela inicial, obrigando o pensionista a reiniciar todo o processo. A dificuldade não se encontra apenas na quantidade de dados solicitados, a configuração da tela muda com frequência e também de uma instituição bancária à outra. O usuário precisa ter expediente para recorrer ao funcionário e solicitar auxílio quando necessário, correndo o risco de não conseguir sacar o dinheiro ou acabar nas mãos inescrupulosas de um aproveitador.

Como a sociedade brasileira não garantiu uma alfabetização eficiente a todos, dificilmente o Brasil conseguirá eliminar a adjetivação de ser um país "em vias de desenvolvimento".

4.10 Mudanças

Ana Luiza Andrade, ensaísta e estudiosa das obras de Osman Lins, analisa a preocupação do escritor com o que ela chama de desterritorialização da palavra pela imagem da mídia:

> Osman Lins contrapõe sua técnica artesanal à desterritorialização da palavra pelas imagens de efeitos midiáticos narcotizantes, assumindo sua posição cultural ética, fortemente crítica, ao buscar em seus textos, a integração do signo visual ao signo gráfico, provocando um choque na leitura das palavras misturadas às imagens sígnicas (em vários textos, como na maioria, em *Nove, Novena*, também em *Avalovara*) no sentido de desautomatizar o ato de ler. Obriga-nos, assim, a despertar de um hábito, a tomar consciência da *ótica inconsciente* de consumo de massa e de seu anestésico: graficamente, o visual significa tanto quanto a palavra, porém o seu valor funcional difere do valor simbólico desta que se transforma em sua textura: é mulher, entre símbolo e signo, entre nomeada e não-nomeada, grafia e imagem, som e cor.

Em *A rainha dos cárceres da Grécia* as inovações formais como o emprego dos recortes de jornal, notas de rodapé etc. também concorrem nesse sentido, para a desautomatização do ato de leitura, valorizando o fazer literário.

Percebemos que esta obra instaura uma nova fase (em que se funde o escritor e o crítico) nomeada pelo próprio Osman como sendo de crise, talvez em uma visão mais realista e menos romântica acerca do poder da palavra. O sentimento de crise aparece acentuado, em um conto posterior — "Domingo de Páscoa" —, de 1977, como observa Ana Luiza Andrade:

> A visão desencantada deste texto, no fim da vida de Osman Lins, corresponde à sua postura resistente perante a desterritorialização da instituição literária que vai perdendo espaço para a fantasmagoria mercadológica, inclusive na própria imprensa. (...) A ameaça que o escritor sentia então provou-se nos movimentos transformativos culturais finisseculares que

definitivamente desterritorializam o escritor, o seu campo institucional e os seus valores. (...) O próprio sentido da palavra cultura passa a ter um valor de distinção a ser classificado de acordo com a classe social e o poder financeiro (Bourdieu). As trocas simbólicas se tornaram financeiras e o valor de distinção a ser classificado de acordo com a classe social e o valor literário se expõe como moeda falsa ao virar moeda corrente, ao padronizar-se em sua queda na série reprodutiva e industrializada da fórmula *best-seller*.[54]

Esclarecendo melhor o que foi dito acima acerca de uma nova fase retomo o texto de João Alexandre Barbosa:

> (...) este último livro é exemplar para aquilo que estou buscando acentuar: depois das experiências dos limites da ficção narrativa, tais como *Nove, Novena* e *Avalovara*, levando a uma escrita *en abîme* das técnicas do ponto-de-vista (*Nove, Novena*) ou do espaço narrativo (*Avalovara*), o romance de 1976 (no caso, *Rainha dos Cárceres da Grécia*), ao mesmo tempo que trabalhava com uma espécie de "anatomia de ficção", para utilizar os termos de Northrop Frye, em que a literatura é também consciência da literatura, deixava passar as vigas mestras do ensaísmo de Osman Lins, quer dizer, aquele marcado pelo vigor polêmico de suas exasperações sociais.[55]

Na linha de pensamento de João Alexandre Barbosa e juntando reflexões já expostas anteriormente, percebe-se em *A rainha dos cárceres da Grécia* características que o diferenciam dos demais romances.

Regina Igel analisa o romance de Osman Lins que ficou inacabado, *Uma cabeça levada em triunfo*, baseado em um fato verídico envolvendo a cabeça de um cangaceiro que fora tra-

---

54. Andrade, Ana Luiza. A palavra ética contra a sociedade anestésica. In: *Diário Oficial* de Pernambuco, Suplemento Cultural, maio/jun. 1998, p. 19.
55. Barbosa, João Alexandre. As tensões de Osman Lins. In: *Diário Oficial* de Pernambuco, Suplemento Cultural. op. cit., p. 20.

zida para a cidade de Palmares, em Pernambuco, e pleiteada por vários grupos, provocando tumultos e choques entre os concorrentes, destacando-se um paralítico e suas frustrações na tentativa de dominar uma das facções.

Escreve ela:

> A estrutura do que seria o romance era livre, bastante afastada, neste ponto, do que havia sido *Avalovara*, talvez seu antípoda. É possível deduzir, por brechas informativas como esta, que uma nova fase se abriria na obra de Lins, se esta oportunidade não lhe tivesse sido negada pelo destino. Esta fase seria mais simples do que a anterior e maior compromisso político também se exporia na obra: o paralítico se revelaria como símbolo do Integralismo e das ambições daquele movimento falho, enquanto a cabeça decepada poderia simbolizar a função do escritor na sociedade, perene preocupação de Osman, ou ainda, o romance poderia tentar explorar a conflitiva situação bipolar, representado pelo carnal versus o intelectual.[56]

A rainha dos cárceres da Grécia parece ser um marco desta nova fase com uma estrutura mais solta e com conotações políticas como aponta Regina Igel. O tom é mais pessimista, as personagens principais são ou doentes e loucas como Maria de França ou paralíticas como em "Domingo de Páscoa" e *Uma cabeça levada em triunfo*, sem a força de um Bernardo de *O fiel e a pedra* ou de Joana, de *Retábulo*. Se, na vida real, Osman acaba aceitando os elementos que combate por ver neles fonte de malefícios como no caso da televisão e da publicidade, a percepção de não ser possível fugir dessa realidade faz convergir sua consciência para sua obra — seu reflexo, num deslocamento lembrando um Dorian Gray contemporâneo, guardadas as proporções.

A presença de diversos discursos provoca também uma maior fragmentação interna da obra, que resulta em um conjunto semelhante ao dos veículos de comunicação de massa. A

---

56. Igel, Regina. op. cit., p. 119.

característica mais imediata que se destaca, além da fragmentação, é a pluraridade de assuntos criando pequenas células textuais que se constituirão, paulatinamente, em um conjunto significativo mais amplo. Os capítulos (não sei se posso assim denominar dada a brevidade, alguns deles compostos de duas ou três linhas), datados com o dia e o mês, ressaltam a importância do momento presente, o imediato da mídia e razão de ser de um diário. Paradoxalmente, o livro inicia-se com uma proposta memorialista do narrador, em uma tentativa de resgatar suas relações com Julia Enone, já falecida.

Em um trecho, em *A rainha dos cárceres da Grécia*, encontramos referências ao jornal e à volatilidade de suas notícias; consequentemente, a importância de ser reproduzido no livro por ser mais perene.

> Traz o jornal de anteontem (*O Estado de S. Paulo*, última página), amplo noticiário sobre o incêndio de uma casa no Parque das Américas, em Mauá, causado pelo vazamento de um bujão de gás. Registro-o aqui porque já foi esquecido (**os jornais de hoje e mesmo de ontem nada mais trazem a respeito**) e porque as condições de moradia das vítimas lembram as de Maria de França, com os seus muitos irmãos sem rosto e sem nome (p. 41).

A preocupação com a preservação dos fatos reaparece de outra forma. Há várias passagens enfocando a perda de memória, sistematicamente o narrador tem dificuldade em nomear a gata, símbolo da memória, Memosina ou Mimosina? Parece uma obsessão a necessidade de não deixar os fatos desaparecerem, ocultarem-se de alguma forma, suprimindo a sua visibilidade (como fazia o gato de Alice), ou melhor, de ressaltar que as coisas podem se ocultar ou desaparecer pelo esquecimento.

Essas reflexões são suscitadas pelo texto:

> Mimosina ou Memosina. O nome evoca não se sabe que afetuosa palavra, há nele um acorde ingênuo e familiar. Não, não para tornar mais pungente sua degradação. Olhos atentos! O processo

terá atrás de si, movendo-o, o esgotamento e o fim das coisas, mas suscita um fenômeno atual, **o esfacelamento coletivo da memória**, que o livro onde estamos imersos recorda (para não esquecer?) a cada instante (p. 192).

Mais à frente, continua:

Conta Hesíodo que no princípio era o Caos, tenebroso e sem fim. Mas Gea, a Terra, surge e dela nascerá o firmamento, Urano, seu igual em extensão, para que a cobrisse toda. Cria ainda Gea os elevados cumes e os abismos talássicos. Recebe dentro de si o próprio filho, Urano, o espaço estrelado e, dentre os seres fabulosos que engendram, nasce Mnemósine, a Memória. Memosina ou Mimosina são desfigurações desse nome, culto e sem halo emotivo.

Recordar seria então um ato essencial, ligado intensamente à Terra e aos astros que a envolvem. Implantam-se, nele, a Criação, o Entendimento e a Direção, o Rumo.

Memosina, pequeno animal deplorável, concentra em si o fenômeno de que romance e mundo estão impregnados, a geral obliteração da memória, enfermidade metafísica (onde nasce e como fazê-la regredir?) que precipita o homem e suas obras na insânia, na sem-razão (p. 192-3).

O nome da gata vem de Mnemósine, deusa grega símbolo da memória, filha de Urano e Gaia; foi amante de Zeus e com ele teve as nove musas.[57]

Merquior diz que "a palavra poética foi estreitamente solidária da noção das musas como proferidoras da verdade. Mas essa verdade das musas, captada pelo poeta enquanto agente da Memória, nada tem a ver com o sabor crítico da verdade filosófica. A *alétheia* poética não se opõe ao falso, e sim ao esquecimento. Palavra fundadora, a poesia dos rapsodos é discurso epidêitico — o discurso celebrativo de *re-uso* de H. Lausberg

---

57. Grande Enciclopédia Larousse Cultural, Nova Cultural Ltda, 1998, p. 4023.

— que fixa a glória dos atos heroicos, em vez de inquirir a natureza do humano".[58]

A literatura seria uma forma de preservação da memória, possibilitando a recuperação dos fatos pelo re-uso.

Se considerarmos a época em que o romance *A rainha dos cárceres da Grécia* foi escrito, período da ditadura militar, certamente há um sentido histórico sustentando o literário. Sandra Nitrini, em *Poéticas em confronto: Nove, Novena e o novo romance*, assim escreve:

> Um dos pontos centrais da poética osmaniana reside numa espécie de relação dialética entre o discurso e a categoria literária *história*, enquanto conjunto de acontecimentos relacionados com uma ou várias personagens. Se, de um lado, a poética osmaniana não abre mão da história como matéria-prima, como "chumbo e vidro" do romance, de outro, ela a minimiza, ao desconsiderar a lógica causal, o enredo dos eventos e o encadeamento cronológico. Em outros termos, a poética osmaniana afirma a história como matéria-prima e nega-a enquanto instância primeira de suas narrativas, conseguindo como resultado um texto que é síntese de um discurso e de uma história pulverizada.

Entendendo-se história como "relacionamento social, afetivo, emocional e moral entre as personagens"[59] ou no sentido mais amplo como história de uma nação, ela aparece em descontinuidade no espaço e no tempo, realçando o fazer literário, valorizando "mais a escritura do que a aventura".[60]

A rainha dos cárceres da Grécia pode ser visto como um livro-síntese das fases anteriores de Osman Lins, uma mais ligada

---

58. Merquior, José Guilherme. "Ut ecclesia parnassus: sobre a função social do escritor na civilização industrial". In: *Estruturalismo dos pobres e outras questões*. Rio de Janeiro: Tempo Brasileiro, 1975, p. 25.

59. Nitrini, Sandra. *Poéticas em confronto*. São Paulo/Brasília: Hucitec, 1987, p. 72.

60. Nitrini, Sandra. op. cit., p. 72.

à tradição e à terra, outra voltada para a renovação; e também uma retomada do espírito do romance de 30 enriquecido pela experimentação.

4.11 Educação

Muitas das questões ligadas à educação aparecem indiretamente no romance e já foram desenvolvidas nos capítulos anteriores. Numa abordagem mais direta, a escola e sua inadequação na sociedade que se modernizava se faz presente em *Em rainha dos cárceres da Grécia* através da crítica ao livro didático.

Osman Lins preocupava-se com a qualidade dos livros didáticos. Em dois momentos diferentes, faz longa análise dos livros existentes, resultando em duas séries de ensaios, reunidos nos capítulos "O livro didático — primeiro tempo: 1965" e "O livro didático — segundo tempo: 1976". Critica os métodos utilizados na escolha dos textos, destaca a ausência de nomes importantes da literatura brasileira, a linguagem utilizada para seduzir o aluno, o uso indiscriminado de ilustrações etc. Osman Lins empenha-se nessa pesquisa porque sabe que "para uma porção imensa da população brasileira, (...) a poesia e a prosa inseridas nesses livros representavam o primeiro contato com a literatura; e, mal escolhidas, dariam ao educando uma ideia falseada das letras, podendo incompatibilizá-lo para sempre com essa importante atividade humana".[61]

Este envolvimento com os problemas ligados aos livros didáticos aparece no romance quando o ensaísta, por indicação de um "professor de Comunicação e Expressão", resolve comprar o *"Método de redação*, de um certo Carlos Góes".

> Adquiri dois exemplares do opúsculo: um de 1961 (11ª edição) e outro (14ª edição) de 1968. A mais antiga traz uma introdução do

---

61. A arte da sedução. In: *Do ideal e da glória: problemas inculturais brasileiros*. São Paulo: Summus, 1977, p. 127.

autor — acadêmico e, portanto, imortal, mas não sei se ainda vivo —, datada de março de 1930; a de 1968 manteve a introdução, porém — como fazem, maduras, nos registros dos hotéis, algumas damas — omitiu a data. Reza a folha de rosto de 1961, um pouco à maneira dos velhos tônicos contra a calvície; "PROCESSO NOVO E INÉDITO, QUE EVITA AO PROFESSOR O TRABALHO DE CORRIGIR PROVA POR PROVA" (*sic*). Em 1968, essa comprida isca sofre um corte: o processo deixa de ser "novo", continuando a ser 'inédito' não obstante os seus 38 anos (p. 122).

O texto todo é irônico, desde a proposta do livro, o revolucionário processo de correção de provas, a isca lançada para garantir o sucesso de vendagem comprovado pelas consecutivas edições, a maquiagem nova em um produto ultrapassado. Para acentuar a falsidade do livro que se diz "novo e inédito" são utilizadas palavras como "opúsculo", "reza a folha de rosto", "tônico para calvície", que contrastam com o caráter inovador proposto na introdução, mas contemporâneas do livro escrito em 1930. Neste pequeno trecho, vêm sintetizados os graves problemas levantados por Osman Lins na análise dos livros didáticos e que persistem até hoje. A cada ano, as editoras de livros didáticos introduzem inovações em suas publicações, geralmente superficiais como a capa ou as primeiras páginas, a fim de seduzir os consumidores.

Cerri, Carbonari, Sparano e Silva esclarecem:

> Pelas condições históricas, o livro didático passava a ser material perfeito, pois trazia para os alunos muitas cores, figuras, músicas etc.; e para os professores "vigiados" pela ditadura, planejamentos com o "permitido", "novas" ideias para suas aulas etc. Assim, o livro didático permaneceu até 1986, quando aconteceu a reforma do núcleo-comum, em que a função e o conteúdo da língua nacional foram revistos e o livro didático, não. Ele mudou seu conteúdo, mas não soube elaborar uma estrutura que acompanhasse as novas exigências. Daí ter-se um livro tão repetitivo e massificante.

Num clima em que havia preocupação com a Unidade/Identidade Nacional e o controle sobre os "subversivos", o livro didático mostrava-se apropriado para tais objetivos, com todos os seus textos moralistas, que ditavam normas de bom comportamento e condutas religiosas, incluindo valores que permeavam a sociedade como um todo, escapando do aspecto pedagógico para se infiltrar no âmbito político-ideológico.

Atualmente o livro didático continua equivocado quando se pensa na individualidade do aluno, ou até de um grupo de alunos (o caso das diferenças regionais, por exemplo); no direito à cidadania; na preservação do patrimônio cultural etc., pois ele se coloca como um grande modelo que deve ser seguido do Norte ao Sul do país, suprimindo a voz do professor, que por sua vez suprime a voz e as inquietudes do aluno, não deixando acontecer o cidadão/leitor que pretendemos. O momento histórico do controle ideológico do Estado passou, mas o posicionamento do livro didático permanece.[62]

Mesmo os livros de literatura que entram na escola não fogem ao esquema mercadológico proposto pelas editoras, como constataram Garcez Yasuda e Ciccone Teixeira:

Pelas coleções e títulos de obras de ficção, pode-se perceber que os livros indicados pelos professores ou que circulam nas salas de leitura são aqueles enviados como brinde/divulgação pelas editoras ou os constantes dos catálogos. Isso vem confirmar que o professor não tem acesso aos bens culturais, tanto por motivo econômico e por avultantes condições de trabalho, como por precária formação. Aí se configuram duas faces da realidade que se completam e estimulam a indústria cultural: as editoras encomendam obras que tratam de temas atuais tais como a ecologia, a descoberta da sexualidade, e divulgam-nas intensivamente junto aos professores. Estes, em consequência de sua formação

---

62. Cerri, Maria Stella Aoki; Carbonari, Rosemeire; Sparano, Magali e Silva, Ana Claudia da. A leitura do texto didático e didatizado. In: *Aprender e ensinar com textos didáticos e paradidáticos*. Brandão, Helena e Micheletti, Guaraciaba (orgs.). São Paulo: Cortez, 1998, p. 35.

precária, valorizam as novidades e ignoram obras consideradas de boa qualidade, mas já com alguns anos de existência, como as de Fernanda Lopes de Almeida, Ana Maria Machado, Jorge Miguel Marinho, João Carlos Marinho, dentre tantas, isso sem falar de Monteiro Lobato.

(...) Os demais (...) são obras que pouco visam à participação construtiva dos leitores e à ampliação de seu horizonte de expectativas. Repetem os mesmos esquemas de enredo e de construção da narrativa: são geralmente histórias de ação e quase sem vazios a serem preenchidos pelo leitor. Dificilmente seriam importantes para a formação de um leitor crítico, pois apenas espelham o nível de leitura, de conhecimento e de linguagem do jovem. A par disso, sem a magia dos contos de fadas nem o fabuloso do realismo fantástico, as aventuras rocambolescas ou pretensamente intimistas que contam, tornam-se inverossímeis e dificilmente envolvem o leitor, mesmo sendo esse aluno da escola pública com pequena bagagem de leitura, mas com rica experiência de vida.[63]

Na década de 70, surge o livro didático *renovado* para atrair leitores modernos que se envolviam cada vez mais com os novos meios de comunicação.

O professor de Língua e Literatura, nesse período, perdeu, de certa forma, seu campo específico do conhecimento; pois a disciplina passou a denominar-se "Comunicação e Expressão", em uma nova terminologia. Ele fazia parte de uma escola arcaica cuja modernização ocorrera na superfície, sua formação se fez cada vez mais precária atendendo ao "mercado" ampliado com a reforma do ensino que, se foi positiva permitindo o acesso das camadas populares à escola, nem sempre pôde oferecer condições de trabalho e formação necessária aos professores para que fosse implementado um ensino de qualidade.

---

63. Yasuda, Ana Maria Bonato Garcez e Teixeira; Ciccione, Maria José. A circulação do paradidático no cotidiano escolar. In: Brandão, Helena e Micheletti, Guaraciaba (orgs.). op. cit., p. 172-4.

4.12 Conclusão

Quando pensamos em uma cena que possa caracterizar o jovem do nosso século, vemo-lo diante de um computador; embora sozinho, está conectado ao mundo, exposto intensamente aos vários meios de comunicação social; ou seja, imerso em um mundo de mensagens audiovisuais. Os novos meios de comunicação que marcam nossos dias potencializaram o trânsito de textos e linguagens permitindo a aceleração de processos intertextuais. Literatura, artes plásticas, cinema, televisão, jornalismo e outras formas de codificação dialogam e se realimentam oferecendo produtos que podem amplificar planos de leituras. Por exemplo, a obra *Auto da compadecida*, de Ariano Suassuna, e *Lisbela e o prisioneiro*, de Osman Lins, ultrapassam os limites da literatura impressa e ganham nova dimensão (cinematográfica, musical, televisiva).

Todavia, há obras inovadoras que circulam em âmbito restrito, como é o caso de *A rainha dos cárceres da Grécia*, de Osman Lins. Trata-se de um romance de vanguarda que incorpora, em sua estrutura narrativa, uma rica intertextualidade através de textos jornalísticos, jurídicos, radiofônicos, ensaística, notas de rodapé, cancioneiro popular, o que constitui uma das inovações formais de Osman Lins, dentro de sua proposta literária de escrever obras que fujam de esquemas reprodutivos tão frequentes na produção da cultura de massa, caso de *Avalovara* e *Nove, novena*. *A rainha dos cárceres da Grécia* desafia-nos a uma leitura mais reflexiva pois oferece múltiplas possibilidades de conexões de sentido que nem sempre se revelam de imediato, na primeira leitura. Foi escrita na década de 70, quando a sociedade brasileira vivia sob a ditadura militar que exercia rígida censura e perseguição política.

Osman Lins preocupava-se com as consequências negativas da ditadura militar e do consumo de massa. Suas reflexões constituíram formas de resistência aos produtos culturais massivos, sobretudo um esforço, se não de superar, pelo menos de neutralizá-los, principalmente o fascínio que a televisão exerce nas pessoas e, paradoxalmente, nele mesmo. Embora seja um crítico severo da televisão, reconhece a dificuldade de ficar alheio a ela. Chega a escrever três "Casos Especiais" para a TV Globo como forma de ampliar uma comunicação de qualidade com o público, sem banalizar os textos, visando sempre a um padrão de qualidade. Os questionamentos de Osman Lins servem, ainda hoje, de contraponto na leitura dos produtos da indústria cultural.

Osman Lins também se preocupava com os problemas relacionados com a educação, chegando a atuar como professor de Literatura. Escreveu muitos ensaios e artigos jornalísticos que foram reunidos e publicados em dois livros: *Do ideal e da glória — problemas inculturais brasileiros* e *Evangelho na taba*, através dos quais podemos conhecer melhor seu posicionamento frente à realidade cultural brasileira, lembrando que *A rainha dos cárceres da Grécia* incorpora artisticamente nossos problemas inculturais.

Mais de trinta anos se passaram desde a publicação do romance *A rainha dos cárceres da Grécia*. O desenvolvimento acelerado da tecnologia tem modificado o cotidiano das pessoas, possibilitando constante produção e divulgação de novos conhecimentos e bens culturais. Porém, se pensarmos em termos de desafios educacionais a serem superados, constataremos que três décadas não conseguiram introduzir melhorias radicais e vários dos problemas educacionais apontados por Osman Lins continuam existindo, talvez com maior gravidade.

Diante da mudança tecnológica, novos desafios são colocados para a escola que necessita repensar seu papel, não focando apenas o conteúdo. É preciso que o aluno (e o professor) saiba o que fazer com tanta informação a que é exposto, isto é, articular as diversas áreas do saber em um contexto significativo. E a literatura pode se constituir em um eixo aglutinador dos diversos conhecimentos, como já propunha Osman Lins em sua prática pedagógica e no romance *A rainha dos cárceres da Grécia*.

Bibliografia

1. Obras de Osman Lins

Ensaios

Um mundo estagnado, ensaio. Recife: Imprensa Universitária, 1966.

Guerra sem testemunhas: o escritor, sua condição e a realidade social. São Paulo: Ática, 1974.

Lima Barreto e o espaço romanesco, ensaio. São Paulo: Ática, 1976.

Do ideal e da glória — problemas inculturais brasileiros. São Paulo: Summus, 1977.

La *Paz existe?* Livro de viagem escrito em conjunto com Julieta de Godoy Ladeira. São Paulo: Summus, 1977.

Evangelho na taba. Problemas inculturais brasileiros II, coletânea de artigos, ensaios e entrevistas, com apresentação de Julieta de Godoy Ladeira. São Paulo: Summus, 1979.

Literatura de viagem

Marinheiro de primeira viagem, livro de viagem. São Paulo: Summus, 1980.

La *Paz existe?* Livro de viagem escrito em conjunto com Julieta de Godoy Ladeira. São Paulo: Summus, 1977.

Teatro

Capa-verde e o Natal, teatro infantil. Prêmio Narizinho da Comissão Estadual de Teatro, 1965. Publicada em São Paulo: Editora Conselho Estadual de Cultura, Comissão Estadual de Teatro, 1965.

Guerra do "Cansa-cavalo". Publicada em São Paulo: Editora Conselho Estadual de Cultura, Comissão Estadual de Teatro, 1966. Outra edição: Petrópolis: Vozes, 1967.

Lisbela e o prisioneiro. Rio de Janeiro: Editora Letras e Artes, 1964. Outra edição: São Paulo: Planeta, 2006.

Santa, automóvel e o soldado. São Paulo: Duas Cidades, 1975.

Contos

Os gestos. Contos. Primeira edição: Rio de Janeiro: José Olympio, 1957. Outras edições: São Paulo: Melhoramentos, 1975; São Paulo: Moderna, 1979.

Nove, novena. Primeira edição: São Paulo: Editora Martins, 1966. Outras edições: São Paulo: Melhoramentos, 1975; Rio de Janeiro: Guanabara, 1986; São Paulo: Companhia das Letras, 1994.

Missa do galo — variações sobre o mesmo tema, organização e participação. São Paulo: Summus, 1977.

"Domingo de Páscoa", novela, último texto escrito por Osman Lins, em 1978. Publicada pela primeira vez no Brasil, na revista de literatura *Travessia*, da Universidade Federal de Santa Catarina, n. 33, dez. 1996, p. 120-131.

Literatura infanto-juvenil

O diabo na noite de Natal. São Paulo: Pioneira, 1977.

Lembrança. In: *Já não somos mais crianças.* Vários autores. São Paulo: Ática, 2005. Coleção para Gostar de Ler.

Romances

O fiel e a pedra. Primeira edição: Rio de Janeiro: Civilização Brasileira, 1961. Outras edições: São Paulo: Summus, 1979.

O visitante. Rio de Janeiro: José Olympio, 1955.

Avalovara. Primeira edição: São Paulo: Melhoramentos, 1973. Outras edições: 2ª e 3ª edições, São Paulo: Melhoramentos, 1974. 4ª edição: Rio de Janeiro: Guanabara Dois, 1986; 5ª edição: São Paulo: Companhia das Letras, 1995; 6ª edição: São Paulo: Companhia das Letras, 2005. São Paulo, Ática, 1974.

A rainha dos cárceres da Grécia. Primeira edição: São Paulo: Melhoramentos, 1976. Outras edições: São Paulo: Companhia das Letras, 2005.

A rainha dos cárceres da Grécia. São Paulo: Melhoramentos, 1977.

Edição consultada: São Paulo: Melhoramentos, 1977.

"Casos especiais" para TV

Casos especiais de Osman Lins, novelas adaptadas para televisão e levadas ao ar pela TV Globo. São Paulo: Summus, 1978.

2. Publicações sobre Osman Lins

Livros

ALMEIDA, Hugo (org.). *Osman Lins: o sopro na argila*. São Paulo: Nankin Editorial, 2004.

ANDRADE, Ana Luiza. *Osman Lins: crítica e criação*. São Paulo: Hucitec, 1987.

FERREIRA, Ermelinda (org.). *Vitral ao sol: ensaios sobre a obra de Osman Lins*. Recife: Editora Universitária UFPE, 2004.

IGEL, Regina. *Osman Lins. Uma biografia literária*. São Paulo: T. A. Queiroz, 1988.

NITRINI, Sandra. *Poéticas em confronto: Nove, novena e o novo romance*. São Paulo: Hucitec, 1987.

_____ (seleção e apresentação). *Melhores contos de Osman Lins*. São Paulo: Global, 2003.

RIBAS, Elisabete et al. *Marinheiros de primeira leitura*. São Paulo: Hucitec, 2004.

Artigos e entrevistas

ANTÔNIO, João. Nove, novena. *Jornal do Brasil*, 23 ago. 1966.

ARAÚJO, Laís Correa de. O mito e a realidade do escritor. *O Estado de S. Paulo*, Suplemento Literário, 21 nov. 1976.

BARBOSA, João Alexandre. Nove, novena, novidade. *O Estado de S. Paulo*, Suplemento Literário, 12 nov. 1966.

BORDINI, Maria da Glória. Santa, automóvel e soldado. Libertação do teatro arcaizado. *Correio do Povo*, 30 set. 1978.

BRASIL, Assis. Osman Lins. *Jornal do Brasil*, 9 dez. 1961.

_____. A propósito de uma carta de Osman Lins. *Jornal do Brasil*, 14 fev. 1976.

CANDIDO, Antônio. A espiral e o quadrado. In: Lins, Osman. *Avalovara*. São Paulo: Melhoramentos, 1974.

CARNEIRO, Caio Porfírio. Nove, novena. *A Gazeta*, 3 set. 1966.

_____. Osman Lins e a dúvida que ficou. *IstoÉ*, 19 jul. 1978.

CÉSAR, Guilhermino. O obstinado Osman Lins. *Correio do Povo*, 30 set. 1978.

CUNHA, FAUSTO. O escritor como lutador profissional. *Tribuna da Imprensa*, 12 ago. 1978.

DIMAS, Antônio. O novo livro de Osman Lins, meio romance, meio apostila. *O Estado de S. Paulo*, 5 dez. 1977.

DOURADO, Autran. Rigor e paixão. *Correio do Povo*, 30 set. 1978.

GESTEIRA, Sérgio Matagão. A autobiografia romanesca como espaço da consciência da escrita. *M. G. Suplemento Literário*, ano XIV, n. 778, 28 ago. 1981.

IGEL, Regina. O romancista e sua obra. *O Estado de S. Paulo*, 18 maio 1980.

LADEIRA, Julieta de Godoy. Ele foi "beau geste" até morrer. *Correio do Povo*, 30 set. 1978.

_____. Nota preliminar. In: *Evangelho na taba. Problemas inculturais brasileiros II*. Lins, Osman. São Paulo: Summus, 1979.

_____. Prefácio. In: *Retábulo*. Lins, Osman. São Paulo: Loyola/Giordano, 1991.

LINS, Letícia. Um livro real sobre um livro imaginário. *Jornal do Brasil*, 25 jan. 1975.

MARTINO, Telmo. Inovação? Decepção. *Jornal da Tarde*, 4 jan. 1974.

MARTINS, Wilson. Siga a bula. *O Estado de S. Paulo*, Suplemento Literário, 14 abr. 1974.

MEIRA, Mauritônio. *Flan* revela Osman Lins, pernambucano de Vitória de Santo Antão. *Flan*, 12 jun. 1954.

MELO, José Laurêncio de. O fiel e a pedra. *O Estado de S. Paulo*, Suplemento Literário, 10 mar. 1964.

MOISÉS, Massaud. Um grande romance. *O Estado de S. Paulo*, Suplemento Literário, 8 fev. 1964.

_____. O fiel e a pedra, hoje. In: Lins, Osman. *O fiel e a pedra*. São Paulo: Summus, 1979.

MOREIRA, José Carlos Barbosa. O contista Osman Lins: um pernambucano com o sentimento trágico da vida. *Tribuna dos Livros*, 7 dez. 1957.

MOUTINHO, José Geraldo Nogueira. Osman Lins, autor que não silenciou sobre o seu tempo. *Folha de S. Paulo*, 11 jul. 1978.

_____. O fiel e a pedra. *Folha de S. Paulo*, 12 e 19 abr. 1964.

_____. Nove, novena I. *Folha de S. Paulo*, 25 set. 1966.

_____. Nove, novena II. *Folha de S. Paulo*, 2 out. 1966.

NASCIMENTO, Esdras. Entrevista com Osman Lins. *O Estado de S. Paulo*, Suplemento Literário, 24 maio 1969.

_____. Osman Lins em francês. *Jornal do Brasil*, 17 mar. 1972.

_____. Alegoria da arte do romance. *O Estado de S. Paulo*, Suplemento Literário, 12 maio 1974.

NUNES, Benedito. Narração a muitas vozes. *O Estado de S. Paulo*, Suplemento Literário, ago. 1966.

PAES, José Paulo. A magia de Osman. In: Lins, Osman. *Avalovara*. São Paulo: Melhoramentos, 1974.

PAIVA, José Rodrigues de. Nove, novena: um voo audacioso. *Diário de Oficial de Pernambuco*, 3 ago. 1969.

PINTO, Heleno Afonso de A. Notícias da rainha dos cárceres da Grécia. *Correio do Povo*, dez. 1976.

PÓLVORA, Hélio. Um jogo crítico. *Veja*, 5 dez. 1976.

PORTELLA, Eduardo. Encruzilhada do conto. *Jornal do Comércio*, 17 nov. 1957.

PRADO, Antônio Arnoni. Lógico percurso do delírio. *Correio do Povo*, 30 set. 1978.

RABASSA, Gregory. The shape and shaping of the novel. In: *World Literature Today*.

RAMOS, Ricardo. A paisagem interior de Osman Lins. *O Estado de S. Paulo*, Suplemento Literário.

_____. Nove, novena. *O Estado de S. Paulo*, Suplemento Literário, 8 abr. 1967.

_____. Um romance múltiplo; o voo de Avalovara. *O Estado de S. Paulo*, Suplemento Literário, 22 set. 1974.

RIBEIRO, Léo Gilson. Nove, novena já está aí. *Jornal da Tarde*, 6 jul. 1966.

ROSENFELD, Anatol. Osman Lins e o teatro atual. *O Estado de S. Paulo*, Suplemento Literário, 14 mar. 1970.

_____. O olho de vidro de Nove, novena. *O Estado de S. Paulo*, Suplemento Literário, 13 dez. 1970.

_____. The creative narrative process of Osman Lins. *Studies of Short Fiction*.

SCALZO, Nilo. Livro de Osman Lins propõe novo mundo ao leitor francês. *O Estado de S. Paulo*, Suplemento Literário, 21 mar. 1975.

_____. O romance como paródia. *O Estado de S. Paulo*, Suplemento Literário, 21 nov. 1976.

SILVA, Aguinaldo. Nove, novena é boa novidade. *Última Hora*, 10 ago. 1966.

_____. O último grande romance do Nordeste. *O Globo*, 4 maio 1975.

SILVEIRA, Alcântara. Em torno de Nove, novena. *O Estado de S. Paulo*, Suplemento Literário, 4 mar. 1967.

SCHULKE, Evelyn. Um livro feito pelo autor e pelo personagem, mas só um assina: Osman Lins. *O Globo*, 22 nov. 1976.

SCLIAR, Moacyr. Equações e suas incógnitas. *Correio do Povo*, 30 set. 1978.

VILLAÇA, Antônio Carlos. Escrever: uma guerra sem testemunhas. *Jornal do Brasil*, 21 set. 1974.

Diário Oficial de Pernambuco. O mundo das palavras — as palavras do mundo. Ensaios e depoimentos revisitam cosmo e linguagem de Osman Lins vinte anos depois da sua morte. Suplemento Cultural — edição especial comemorativa, ano XII, maio/jun. 1998.

ALVES, Leda. Com a mesma paixão e fé.

ANDRADE, Ana Luiza. A palavra ética contra a sociedade anestésica.

ARAÚJO, Benito. No portão de embarque.

BARBOSA, João Alexandre. As tensões de Osman Lins.

CARTAXO, Maria de Fátima P. de M. Arquitetura e fantasia em Osman Lins.

CLÁUDIO, José. Ele me chamava *pintor de passarinhos*.

DALCASTAGNÉ, Regina. Mistérios e buscas de *Avalovara*.

DOURADO, Mona Lisa. Como Osman Lins descobriu a literatura.

FERREIRA, Ermelinda. A dama e o unicórnio: literatura e imagem na obra de Osman Lins.

GURGEL, Washington. Vitória homenageia Osman Lins.

HÉLIO, Mário. Os caminhos e labirintos do invencível Osman Lins.

HOLANDA, Lourival. Uma abreviatura do mundo.

MELO, Álvaro de Souza; LIMA, Aquilino de Macedo e OLIVEIRA, Lauro. Uma conversa a três sobre Osman Lins.

MONTEIRO, Luiz Carlos. A crítica de cultura que fez Osman Lins.

NITRINI, Sandra. Viagem real, viagens literárias.

PAES, José Paulo. Um olhar de azul muito intenso.

LADEIRA, Julieta de Godoy. Um autor adiante de seu tempo.

LEMOS, Gilvan. Meu amigo Osman Lins.

LINS, Letícia. Quando o escritor é pai.

LINS, Litânia. Fazia questão de que não perdêssemos o sonho.

LINS, Ângela. Poema.

Filmes

Curta-metragem: *A partida*, de Sandra Ribeiro.

Quarteto. Produção, roteiro e edição de Julia Kacowitz, Kauê Diniz e Mariana Oliveira.

Sites

www.osman.lins.nom.br

www.ermelindaferreira.com/osman

3. Obras gerais

ADORNO, Theodor W. *Sociologia*. São Paulo: Ática, 1986.

AGUIAR, Flávio. Notas sobre o futebol como situação dramática. In: BOSI, Alfredo (org.). *Cultura brasileira — temas e situações*. São Paulo: Ática, 1987.

_____. *A palavra no purgatório — literatura e cultura nos anos 70*. São Paulo: Boitempo Editorial, 1997.

ARISTÓTELES. *Arte retórica e arte poética*. Trad. Antônio Pinto de Carvalho. Rio de Janeiro: Ediouro, s/d.

_____. *Poética*. Trad. Eudoro de Sousa. Porto Alegre: Globo, 1966.

ARRIGUCCI JR., Davi. Jornal, realismo, alegoria. In: *Achados e perdidos*. São Paulo: Polis, 1979.

_____. Prefácio do livro *Poéticas em confronto: Nove, novena e o novo romance*. São Paulo: Hucitec, 1987.

AUERBACH, Erich. *Mimesis*. São Paulo: Editora da UNESP/Pesrpectiva, 1971.

BAKHTIN, Mikhail. *Questões de literatura e de estética. A teoria do romance*. Trad. Aurora Fornoni Bernardini. São Paulo: Hucitec/Editora da UNESP, 1988.

_____. *Estética da criação verbal*. São Paulo: Martins Fontes, 1997.

BARTHES, Roland. *O grão da voz*. Lisboa: Edições 70, 1981.

_____. *O prazer do texto*. 3. ed. São Paulo: Perspectiva, 1993.

BENJAMIN, Walter. O narrador. In: *Obras escolhidas*. São Paulo: Brasiliense, 1986.

BREJON, André. Estrutura e funcionamento do ensino de 1º e 2º graus. São Paulo: Pioneira, 1975.

BOSI, Alfredo. *História concisa da literatura brasileira*. São Paulo: Cultrix, 1975.

_____. *O conto contemporâneo*. São Paulo: Cultrix, 1975.

_____. *Cultura brasileira — temas e situações*. São Paulo: Ática, 1987.

_____. *Céu, inferno*. São Paulo: Ática, 1988.

_____. *Dialética da colonização*. São Paulo: Companhia das Letras, 1994.

_____. *O ser e o tempo da poesia*. São Paulo: Companhia das Letras, 2000.

BOSI, Ecléa. Cultura e desenraizamento. In: BOSI, Alfredo. *Cultura brasileira — temas e situações*. São Paulo: Ática, 1987.

BRANDÃO, Helena Nagamine. *Subjetividade, argumentação, polifonia — a propaganda da Petrobrás*. São Paulo: Editora da UNESP, 1998.

BRANDÃO, Helena; MICHELETTI, Guaraciaba. (coords. do vol.). *Aprender e ensinar com textos didáticos e paradidáticos*. São Paulo: Cortez, 1998.

CALLADO, Antônio. *Reflexos do baile*. Rio de Janeiro: Paz e Terra, 1977.

CALVINO, Ítalo. *Seis propostas para o próximo milênio*. São Paulo: Companhia da Letras, 1990.

CAMPOS, Haroldo de. Da razão antropofágica: diálogo e diferença na cultura brasileira. *Boletim Bibliográfico*. Biblioteca Mário de Andrade, v. 44, dez. 1983.

CANDIDO, Antonio. A literatura e a formação do homem. Revista *Ciência e Cultura*, 1972.

_____. *A personagem de ficção*. São Paulo: Perspectiva, 1972.

_____. Literatura e cultura de 1900 a 1945. In: *Literatura e sociedade*. São Paulo: Companhia Editora Nacional, 1973.

_____. O escritor e o público. In: *Literatura e sociedade*. São Paulo: Companhia Editora Nacional, 1973.

_____. *A educação pela noite e outros ensaios*. São Paulo: Ática, 1987.

CAPELATO, Maria Helena R. *Imprensa e história do Brasil*. 2. ed. São Paulo: Contexto/EDUSP, 1994.

CASTILHO, Ataliba Teixeira de. Entrevista concedida a Leonor Taniri para *Memória dos Institutos isolados de Ensino Superior do Estado de São Paulo*. Material inédito.

_____. Depoimento sobre Osman Lins em 05 mar. 1999.

CERRI, Maria Stella Aoki; CARBONARI, Rosemeire; SPARANO, Magali; SILVA, Ana Claudia da. A leitura do texto didático e didatizado. In: BRANDÃO, Helena; MICHELETTI, Guaraciaba (coords. do vol.) *Aprender e ensinar com textos didáticos e paradidáticos*. São Paulo: Cortez, 1998.

CHIAPPINI MORAES LEITE, Ligia. *A invasão da catedral: literatura e ensino em debate*. Porto Alegre: Mercado Aberto, 1983.

CHIAPPINI MORAES LEITE, Ligia. Arguição escrita da tese de doutorado de Tânia Pellegrini, *A palavra e a imagem*. UNICAMP, 1993.

_____. *Reinvenção da catedral*. São Paulo: Cortez, 2005.

CITELLI, Adilson. *Aprender e ensinar com textos não-escolares*. São Paulo: Cortez, 1998.

_____. *Comunicação e educação: a linguagem em movimento*. São Paulo: Editora Senac, 2000.

_____. *Outras linguagens na escola*. São Paulo: Cortez, 2000.

CLARK, Walter. TV: veículo de integração nacional. Palestra na Escola Superior de Guerra (15 set. 1975). Mercado Global, ano 2, n. 17-18, 1975.

COEHO, Nelly Novaes. *Literatura: arte, conhecimento e vida*. São Paulo: Petrópolis, 2000.

COUTINHO, Afrânio. *Notas de teoria literária*. Rio de Janeiro: Civilização Brasileira, 1978.

DECCA, Edgar Salvadori de. *Pelas margens: outros caminhos da história e da literatura*. Org. Decca, Edgar Salvadori de e Lemaire, Rita. Campinas/Porto Alegre: Editora da UNICAMP/Editora da UFRGS, 2000.

DEBRAY, Régis. As tecnologias da crença. *Folha de S. Paulo*, Caderno Mais!, 30 ago. 1998.

ECO, Humberto. *Obra aberta — forma e indeterminação nas poéticas contemporâneas*. São Paulo: Perspectiva, 1976.

FEDERICO, Maria Elvira Bonavita. *História da comunicação — rádio e TV no Brasil*. Petrópolis: Vozes, 1982.

FERRAZ, Geraldo Galvão. Prefácio no *folder* que acompanha *A rainha dos cárceres da Grécia*, da Melhoramentos.

FORSTER, E. M. *Aspectos do romance*. Porto Alegre: Globo, 1969.

FRANCO, Renato. *Itinerário político do romance pós-64: a festa*. São Paulo: Editora da UNESP, 1998.

FRYE, Northrop. *Anatomia da crítica*. São Paulo: Cultrix, 1973.

GASSET, José Ortega y. A chegada das massas. In: ROSENBERG, Bernard; WHITE, David Manning (orgs.). *Cultura de massa*. São Paulo: Cultrix, 1973.

GOLDENSTEIN, Gisela Taschner. *Do jornalismo político à indústria cultural*. São Paulo: Summus, 1987.

GUIDIN, Márcia Lígia. *A hora da estrela — Clarice Lispector*. São Paulo: Ática, 1994.

HERMANN, Jennifer. Reformas, endividamento externo e o *milagre* econômico. In: GIAMBIAGI, Fabio; VILLELA, André (orgs.). *Economia Brasileira Contemporânea*. Rio de Janeiro: Elsevier, 2005.

HUBNER, Regina. A direção do esquecimento: um estudo de manuais de literatura de 2º grau. Dissertação de mestrado, FFLCH-USP, 1990.

ISER, Wolfgang. A interação do texto com o leitor. In: JAUSS et al. *A literatura e o leitor*. Trad. Luiz Costa Lima. Rio de Janeiro: Paz e Terra.

JAUSS, Hans Robert. *Estética da recepção e história da literatura*. São Paulo: Ática, 1989.

_____. *A história da literatura como provocação à teoria literária*. Trad. Sérgio Tellaroli. São Paulo: Ática, 1994.

KAYSER, Wolfgang. *Análise e interpretação da obra literária*. Coimbra: Armênio Amado, 1985.

KRISTEVA, Júlia. *O texto do romance*. Lisboa: Livros Horizonte, 1984.

LOPES, Maria Immacolata Vassalo de. *O rádio dos pobres: comunicação de massa, ideologia e marginalidade social*. São Paulo: Loyola, 1988.

LOWENTHAL, Leo. Perspectivas históricas da cultura popular. In: ROSENBERG, Bernard; WHITE, David Manning (orgs.). *Cultura de massa*. São Paulo: Cultrix, 1973.

LUBBOCK, Percy. *A técnica de ficção*. São Paulo: Cultrix/EDUSP, 1976.

MACDONALD, Dwight. Uma teoria da cultura de massa. In: ROSENBERG, Bernard; WHITE, David Manning (orgs.). *Cultura de massa*. São Paulo: Cultrix, 1973.

MAINGUENEU, Dominique. *Novas tendências em análise do discurso.* Campinas: Pontes/Editora da UNICAMP. 1997.

MATTELART, Armand. *A globalização da comunicação.* 2. ed. Bauru: EDUSC, 2002.

MATTELART, Michèle e Armand — *O carnaval das imagens: a ficção na TV.* São Paulo: Brasiliense, 1989.

_____. *Comunicação-mundo: história das ideias e das ideologias.* 2. ed. Petrópolis: Vozes, 1996.

_____. *História das teorias da comunicação.* 8. ed. São Paulo: Loyola, 2005.

MERQUIOR, José Guilherme. *O estruturalismo dos pobres e outras questões.* Rio de Janeiro: Tempo Brasileiro, 1975.

MOISÉS, Massaud. *Dicionário de termos literários.* São Paulo: Cultrix, 1978.

NAGAMINI, Eliana. Televisão, publicidade e escola. In: CITELLI, Adilson (org.). *Aprender e ensinar com textos não escolares.* São Paulo: Cortez, 1998.

_____. *Literatura, televisão, escola: estratégias para leitura de adaptações.* São Paulo: Cortez, 2004.

NUNES, Benedito. *O tempo da narrativa.* São Paulo: Ática, 1988.

ORTIZ, Renato. *A moderna tradição brasileira: cultura brasileira e indústria cultural.* São Paulo: Brasiliense, 1995.

PAES, José Paulo. Um olhar de azul muito intenso. *Diário Oficial* de Pernambuco, Suplemento Cultural, maio/jun. 1998.

_____. *Transleituras.* São Paulo: Ática, 1995.

PELLEGRINI, Tânia. *A imagem e a letra — a prosa contemporânea brasileira.* Tese de doutorado. UNICAMP, 1993.

PERRONE-MOISÉS, Leyla. *Texto, crítica e escritura.* São Paulo: Ática, 1978.

_____. Literatura comparada, intertexto e antropofagia. In: *Flores na escrivaninha.* São Paulo: Companhia das Letras, 1990.

PETERSON, Theodore; JENSEN, Jay W.; RIVERS, William L. *Os meios de comunicação e sociedade moderna*. Rio de Janeiro: Edições GRD, 1966.

ROCCO, Maria Theresa Fraga. *Literatura e Ensino: uma problemática*. São Paulo: Ática, 1981.

ROSENBERG, Bernard; WHITE, David Manning (orgs.). *Cultura de massa*. São Paulo: Cultrix, 1973.

ROSENFELD, Anatol. *Texto e contexto*. São Paulo: Perspectiva, 1976.

_____. *Estrutura e problemas da obra literária*. São Paulo: Perspectiva, 1976.

SANTIAGO, Silviano. Apesar de dependente, universal. In: *Uma literatura dos trópicos*. São Paulo: Perspectiva.

SARTRE, Jean-Paul. *Que é a literatura?* Trad. Carlos Felipe Moisés. São Paulo: Ática, 1989.

SILVA, Ynaray Joana da. Meios de comunicação e educação. Texto inédito.

SCHWARZ, Roberto. *O pai da família e outros estudos*. Rio de Janeiro: Paz e Terra, 1978.

_____. Nacional por subtração. In: *Que horas são?* São Paulo: Companhia das Letras, 1987.

TODOROV, Tzvetan. *As estruturas narrativas*. São Paulo: Perspectiva, 1970.

VILLALOBOS, João Eduardo. A educação de 1º e 2º graus no quadro da reforma. In: BREJON, André. *Estrutura e funcionamento do ensino de 1º e 2º graus*. São Paulo: Pioneira, 1975.

WOLTON, Dominique. *Elogio do grande público — uma teoria crítica da televisão*. São Paulo: Ática, 1996.

YASUDA, Ana Maria Bonato Garcez; TEIXEIRA, Maria José Ciccione. A circulação do paradidático no cotidiano escolar. In: BRANDÃO, Helena; MICHELETTI, Guaraciaba (coords. do vol.). *Aprender e ensinar com textos didáticos e paradidáticos*. São Paulo: Cortez, 1998.

ZILBERMAN, Regina. Apresentação do autor. In: JAUSS, Hans Robert. *A história da literatura como provocação à teoria literária*. São Paulo: Ática, 1994.

Anais. Faculdade de Filosofia, Ciências e Letras de Marília, v. I (1959--1962), 1969.

Publicações em periódicos

O Globo, 23 jun. 1975.

Opinião, 21 nov. 1975; 28 nov. 1975; 12 dez. 1975.

Outras fontes

Planejamento de curso e anotações de Osman Lins — material inédito.

Depoimento: Professor doutor Ataliba Teixeira de Castilho, 5 mar. 1999, para Kazuko Kojima Higuchi.

Entrevistas:

> Enzo del Carratore. Entrevista concedida a Leonor Taniri para *Memória dos Institutos isolados de Ensino Superior do Estado de São Paulo*. Material inédito.
>
> Ataliba Teixeira de Castilho. Entrevista concedida a Leonor Taniri para *Memória dos Institutos isolados de Ensino Superior do Estado de São Paulo*. Material inédito.

Boletim de Programação da Rede Globo:

> N° 132 — Caso especial: *A ilha no espaço*. 19 a 25 jul. 1975.
>
> N° 202 — Caso especial: *Quem era Shirley Temple?* 20 a 26 nov. 1976.
>
> N° 251 — Caso especial: *Marcha fúnebre*. Out. 29 a nov. 1977.

Anexos

Anexo I
Machado de Assis em revista

Pensando nas práticas pedagógicas de Osman Lins, procurei desenvolver atividades que aproximassem a literatura dos jovens, fazendo com que a obra literária tivesse algum significado para eles, fosse além da leitura para cumprir um ritual de avaliação, ou uma preparação para o vestibular. Propus uma releitura e adaptação de *Memórias póstumas de Brás Cubas*, de Machado de Assis, para uma outra linguagem. Cada grupo de alunos escolheria seu trabalho entre as sugestões dadas: revista, jornal, história em quadrinhos, radionovela, teatro. Foi sugerida também pesquisa musical relativa ao período em que a obra fora escrita pois havia alunos estudando música instrumental. Um aluno, em especial, chamava a atenção porque andava sempre com partituras, muitas vezes esquecia a aula e ficava copiando/exercitando a linguagem musical. Foi pensando principalmente nele que sugeri mais essa opção.

O primeiro passo seria a leitura do romance, entretanto nem todos o leram no prazo estipulado. Na escola pública em que trabalho, muitos alunos não têm o hábito de comprar livros, nem de frequentar a biblioteca do bairro. Levei alguns exemplares e emprestei-os, dando tempo para que circulassem entre eles. Não esperando unanimidade, continuei com o trabalho, pois sabia não ser raro alguns alunos apoiarem-se em colegas mais dispostos.

Terminado o prazo de leitura, propus o trabalho. A reação inicial foi de euforia, muitos escolheram teatro, iniciaram determinando papéis e queriam representar a peça de imediato, sem ter o *script*. Foi explicado, então, que seria necessário entender melhor a opção escolhida, fazendo um estudo teórico da especificidade da linguagem e aspectos técnicos fundamentais, em seguida seria a fase de escrita do texto dramático e, só depois, haveria a encenação. Além de textos referentes a cada veículo de comunicação, os alunos deveriam ler alguns de História do Brasil e História Geral para entenderem melhor o contexto e como se apresentava na obra.

Houve muito empenho dos alunos e os resultados foram interessantes. Apresento-os na expectativa de contribuir de alguma forma na ampliação/atualização das estratégias pedagógicas no ensino da literatura.

Transcrevo abaixo o projeto tal como foi proposto na escola:

Projeto: "Relendo Machado de Assis"
Escola: Escola Estadual do Rio Pequeno[1]
Classe: 3º ano do Ensino Médio
Diretoria de Ensino: Centro-Oeste de São Paulo
Ano: 2001

Justificativa: Se, de um lado, a importância de Machado de Assis na literatura brasileira torna sua leitura indispensável para alunos do Ensino Médio; por outro lado, cada vez mais se faz necessário o conhecimento das diferentes linguagens e suas tecnologias, como aparece amplamente justificado nos Parâmetros Curriculares Nacionais — PCNs. Esse projeto visa a estabelecer possíveis diálogos entre literatura, tecnologia e outras linguagens.

Objetivo: Baseado no romance *Memórias póstumas de Brás Cubas*, nas informações sobre a autor Machado de Assis e em acontecimentos históricos da época (Monarquia e República), cada grupo elaborará um produto diferente, em nova lingua-

---

1. A escola está situada na região Oeste da cidade de São Paulo e é frequentada por alunos de classe popular.

gem, quer seja da revista, quer seja do texto dramático, da radionovela ou da história em quadrinhos, a fim de aprofundar e enriquecer a leitura do texto literário.

Avaliação: Através de trabalho apresentado (oral, escrito, pictórico ou sonoro) e pelo envolvimento no processo.

Os trabalhos a seguir são resultados desse projeto de transformação do texto literário para outra linguagem.

História em quadrinhos

O grupo escolheu três capítulos para transformar em HQ, ou seja, do capítulo LIX — Um encontro — até capítulo LXI — Um projeto —, trecho em que se narra o encontro de Brás Cubas com Quincas Borba mendigo. Não é tão fácil transpor o texto de Machado para uma linguagem visual pois a narrativa não é linear. Entretanto, o resultado foi positivo, as ilustrações: a sege, o arruamento de pedras, as roupas, a caracterização dos personagens, ficaram muito bonitas, com traçado elegante, não destoando em nada da descrição feita por Machado.

A adaptação, neste caso, mudança do texto literário para HQ, procurou ser a mais fiel possível respeitando as peculiaridades de cada linguagem, em uma postura mais tradicional. Atualmente o conceito de adaptação sofreu modificações e dá maior liberdade de criação, podendo resultar em um produto completamente diferente do texto original. Como diz Eliana Nagamini: "O que chamamos de adaptação pode ser uma versão, uma inspiração, uma recriação, uma reatualização, um aproveitamento temático, uma referência à obra".[2] Cada pessoa, ao fazer uma adaptação, imprime sua marca, transferindo elementos de sua releitura na medida em que o novo veículo permita ou solicite. Podemos observar diferenças nos trabalhos dos demais grupos, embora a leitura fosse baseada na mesma obra.

---

2. Nagamini, Eliana. *Literatura, televisão, escola: estratégias para leitura de adaptações*. São Paulo: Cortez, 2004, p. 35.

A seguir, apresento a HQ intitulada *Um encontro*, elaborada pelos alunos do 3B: Alan Fernandes Santos, Elaine de Oliveira, Fabiane B. da Rocha, Lino da Silva, com participação especial de Milton Souza da Silva. Faço alguns comentários que podem servir também de contraponto para a análise de material pictórico produzido no Ensino Fundamental I de algumas escolas públicas, material esse inserido no texto "Super-homem, Mônica & Cia".[3]

A primeira página ficou bem diagramada com equilíbrio entre texto e ilustração, ou seja, a ilustração ocupando maior espaço como deve ser.

Brás Cubas sai da casa de Lobo Neves e encontra na rua, dentro de uma sege, seu antigo colega de colégio.

---

3. Higuchi, Kazuko Kojima. In: Citelli, Adilson (org.): *Aprender e ensinar com textos não-escolares*. São Paulo: Cortez, 1998.

A página seguinte ficou comprometida, o texto escrito predomina sobre a imagem. Percebe-se que houve dificuldade em conseguir um resultado satisfatório, embora o longo texto tenha sido fracionado e recebido tratamento diferenciado para cada parte: uso de travessão para o primeiro bloco, balão contínuo em seguida, finalizando com um balão de pensamento e um parágrafo comum com narrador em primeira pessoa. Nas duas páginas finais, foram feitos vários balões registrando a conversa dos personagens resultando em maior dinamismo e maior adequação à técnica de HQ.

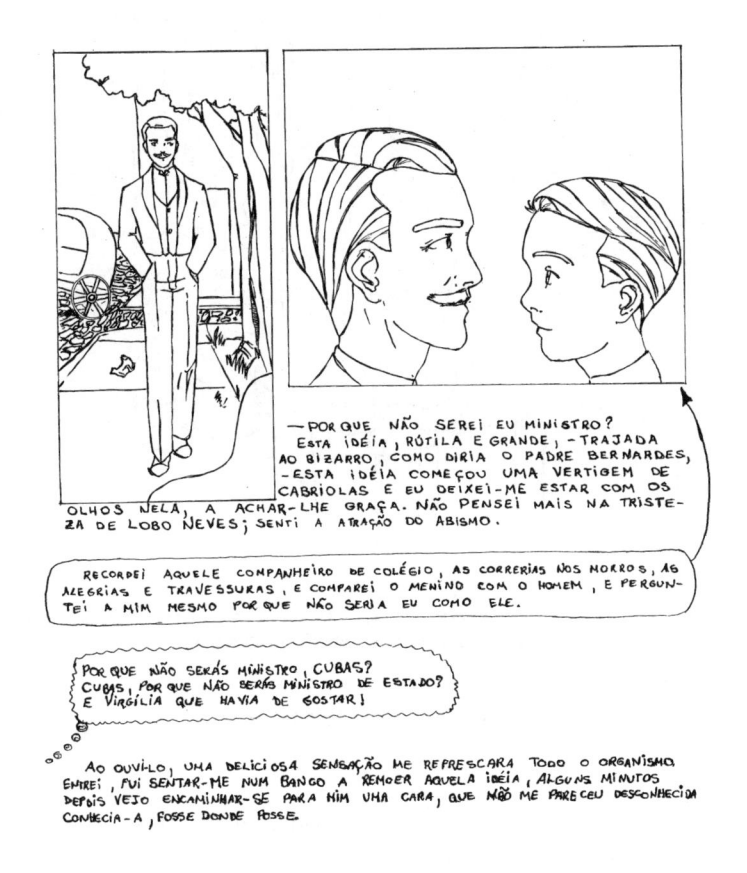

O encontro com seu ex-companheiro de colégio, agora ministro, faz Brás Cubas pensar na carreira política.

Na terceira página, texto verbal e ilustração harmonizam-se em uma feliz combinação. Os balões de fala aparecem dentro do quadro, como nas HQs atuais.

> Aposto que me não conhece, Senhor Doutor Cubas?
>
> Sou o Borba, o Quincas Borba.
>
> Não me lembra...

Era o Quincas Borba, o gracioso menino de outro tempo, o meu companheiro de colégio tão inteligente e abastado. Quincas Borba! Não; impossível; não pode ser.

Em seguida, Brás Cubas encontra-se com Quincas Borba.

A mudança de uma linguagem para outra mostra a necessidade de adequações, no caso, da literatura para história em quadrinhos. A primeira dificuldade é a questão do narrador, que deve ser eliminado ou minimizado deixando o próprio personagem se manifestar, e há também a escolha da imagem mais significativa. Observe no primeiro quadro a mão estendida de Quincas Borba ao dizer que ele acaba mendigo; no segundo, a posição do corpo e a expressão facial de Quincas Borba examinando a nota recebida.

Esta página mostra a dificuldade da adaptação. Já à primeira olhada percebemos que não houve uma boa diagramação, há espaços em branco embaixo e concentração de imagens e textos na parte superior. O narrador reaparece para explicar e concluir esta cena, uma vez que termina com as reflexões de Brás Cubas acerca de seu antigo colega, agora na miséria. A experiência na execução das páginas anteriores não foi suficiente para dar conta do final, a cada trecho se faz necessária a busca de novas soluções.

> MAGNÍFICO
>
> NÃO
>
> O senhor o tratasse joias, roupas finas, elegantes... Compare esses sapatos aos meus, que diferença! Pudera não! Diga-lhe que se trata. E moças? Como vão elas? Está casado?
>
> Nem eu moro na rua...
>
> Não quero saber onde mora. Se alguma vez nos virmos, dê-me outra nota de cinco mil-réis, mas permita-me que não a vá buscar à sua casa. É uma espécie de orgulho... Agora, adeus: vejo que está impaciente. Adeus
>
> Cuidei que o pobre-diabo estivesse doido, e ia arrastar-me, quando ele me pegou no pulso, e olhou alguns instantes para o brilhante que eu trazia no dedo. Senti-lhe na mão umas estremeções de cobiça, uns pruridos de posse.
>
> Finalmente, eu a passo largo, com a camisa amarrotada do abraço, enfadado e triste. Já não dominava em mim a parte simpática da sensação, mas a outra, quisera ver-lhe ainda a digna. Contudo, não pude deixar de comparar outra vez o homem de agora com o de outrora, entristecer-me e encarar o abismo que separa as esperanças de um tempo da realidade de outro tempo.
> Meto a mão no colete e não acho o relógio. Última desilusão! O Borba furtaria-mo no abraço.

Retomando o processo todo, observamos que houve um trabalho de seleção e planejamento do texto, para o qual se criaram imagens. Talvez tenha faltado maior amadurecimento na disposição gráfica dos textos para que todas as páginas tivessem uma boa resolução gráfica.

Se considerarmos a complexidade do texto machadiano, ser este um trabalho amador e o tempo disponível para a execução, pode-se afirmar que os alunos realizaram um bom trabalho. Não resta dúvida que vivências anteriores com ilustrações de texto e desenhos tenham fornecido uma base para esta nova produção. Muitos alunos de nossa escola gostam de desenhar e vêm desenvolvendo, ao longo da escolaridade, uma capacidade de expressão plástica, embora nem sempre consigam expressar-se com competência através da linguagem verbal escrita. No ano anterior, a escola promovera um concurso de HQ cujo enredo deveria estar relacionado com as classes gramaticais. Houve inscrição de muitos trabalhos de bom nível.[4]

Os alunos respondem positivamente a propostas que envolvam expressão plástica/gráfica, tanto em atividades menores como ilustração de textos, como na elaboração de cartazes ou em concursos, como o acima citado, ou em decoração da escola para festas temáticas. Conhecer os gostos e preferências dos alunos auxilia o professor a planejar atividades com maior aceitação e melhor eficiência de aprendizagem.

Revista

O primeiro passo para a elaboração foi o manuseio e leitura de várias revistas. Tivemos a disponibilidade de levar 10 exemplares de uma revista informativa semanal emprestados da escola vizinha, de Ensino Fundamental, que participava de um programa especial desenvolvido por uma editora. Esse projeto procurava difundir a leitura dessa revista e enviava,

---

4. Vera, professora de língua e literatura e coordenadora do projeto, está à procura de uma editora disposta a publicá-los, tal a qualidade dos trabalhos.

regularmente, os exemplares da semana acompanhados de lâminas contendo orientações para exploração e desenvolvimento de atividades. Fazendo as adequações, todo esse material foi aproveitado no Ensino Médio. Os alunos puderam fazer uma leitura mais aprofundada, analisando as partes que compõem a revista: a capa, o editorial, as matérias — como são organizadas e apresentadas — títulos e subtítulos, importância das fotos e ilustrações, diagramação, cores etc.

A fase seguinte foi determinar qual seria o virtual público-alvo da revista que os alunos iriam produzir. Dos 3 grupos que se apresentaram, cada qual escolheu um nome mais apropriado para o seu público-alvo, resultando: a revista *TPM* (Tudo Para Mulheres) — como o próprio título indica, foi voltada para o público feminino (aproveitada de uma revista homônima em circulação) —; *LITERATURA*, que procurou enfocar um público mais restrito, interessado em literatura; e *RP Notícias* (em referência ao nome da escola e do bairro: Rio Pequeno), para um público mais amplo, trazendo notícias locais e internacionais. Determinado o público, alguns aspectos imprescindíveis foram discutidos com os alunos como: editorial, escolha dos assuntos, ilustração, publicidade e diagramação.

a) TPM

O grupo, formado por Daniela, Joyce, Kátia, Letícia e Maria Aparecida, 3B, pesquisando na Internet, encontrou uma entrevista com André Klotzel, cineasta responsável pela segunda filmagem de *Memórias póstumas*, que ainda não havia estreado em circuito comercial em São Paulo. Adaptaram a matéria como se fosse de própria autoria, enriquecendo a revista, embora perdessem em verossimilhança, pois a proposta era elaborar esse veículo de comunicação como se tivesse sido produzido na época de Machado de Assis, ambientado no século XIX.

O editorial abordava a manchete "Estamos de luto". A princípio, o texto poderia suscitar dúvidas sobre a nota de falecimento; se não haveria confusão entre Machado de Assis e Brás Cubas. A matéria da página 2 deixa claro que o jornal acompanhava o tom irônico do personagem "A dúvida: Brás Cubas morreu?" glosando a frase "não sei se sou um autor defunto ou um defunto autor".

O título da matéria seguinte "Ressuscitando Brás Cubas" faz um elo com a entrevista de André Klotzel, diretor da nova filmagem de *Memórias póstumas*. Poderíamos levantar a questão da contextualização dessa entrevista, um jornal "ambientado" no século passado. Todavia, a questão da temporalidade já vem quebrada no romance e o jornal aproveita essa liberdade.

Sendo o público feminino, as seções enfocaram os assuntos que seriam de interesse como moda, culinária e a Guerra do Paraguai envolvendo pais, namorados e maridos.

Havia duas alunas, a Maria Aparecida e a Kátia, que queriam cursar uma Faculdade de Moda. Elas se propuseram a fazer a seção de modas. Foram até o Shopping Center Eldorado, onde havia uma loja especializada em fotografar pessoas com roupas antigas. Como elas não possuíam recursos financeiros para pagar a fotografia vestindo as tais roupas, obtiveram permissão de fotografar somente as roupas penduradas, com a máquina de que dispunham. Não houve uma pesquisa aprofundada do vestuário do início do século XIX, nem era esse o objetivo, contudo o resultado ficou interessante na revista, veículo de comunicação que normalmente prima pelas imagens.

As manchetes de capa foram "Estamos de luto" referindo-se à morte de Brás Cubas e "Guerras — não queremos mais" (neste caso, um apelo das mulheres para o fim da guerra, cujo desenvolvimento aparece na página 8 da revista, dentro de

"Acontecimentos", seção que trata de política). A seguir, um trecho da segunda matéria.

> 1865 — Os paraguaios capturaram um navio brasileiro, a fim de garantir uma saída para o mar. Brasil, Argentina e Uruguai iriam se unir para formar a Tríplice Aliança e investiram contra o Paraguai. Vamos ver quanto tempo irá durar essa guerra, esperamos que seja pouco tempo. Nossas queridas leitoras, sabemos que estão preocupadas com seus esposos, por isso, estamos abrindo mais espaços sobre eles, e para que vocês também demonstrem as preocupações e aflições.
> Basta ligar para nossa redação e tentaremos ajudá-las.
> Fone xxxx-xxxx, falar com Renata.

Há aspectos problemáticos em relação à temporalidade verbal, o que é compreensível, pois as alunas tiveram que se colocar em época bem distante, simulando conhecimento de assuntos como se fizessem parte do seu cotidiano. Em uma leitura mais superficial ficamos com a impressão de que elas também falharam por não perceberem que o expediente usado pelas revistas atuais mantendo um canal aberto, via telefone, para contato com leitores, dentro de uma revista daquela época, apresenta-se incoerente. Todavia, a presença do número telefônico cai muito bem se enxergarmos que a revista é uma reatualização do contexto do livro *Memórias*, como seria se fosse feita nos dias atuais.

b) LITER ATURA

Essa revista de autoria dos alunos Fanny, Carolina, Cristiane, Adriana e Anderson, 3B, foi elaborada com bastante capricho.

A capa apresenta diagramação semelhante às que são veiculadas comercialmente: nome da revista, ilustração enfatizando o conteúdo abordado — no caso, a fotografia de Machado, chamadas para as matérias, data de publicação e até mesmo a edição e o ano.

As matérias foram selecionadas e elaboradas para dar uma dimensão mais global da obra — a morte do personagem e comentário do livro, seu autor — biografia e fotos, e contexto histórico. A revista parece cumprir sua proposta de ser uma edição especial dedicada ao autor de *Memórias póstumas* como seu editorial esclarece.

Machado de Assis em sua escrivaninha

As imagens vem ancoradas em citações de Alfredo Bosi e Boris Fausto, embora não existam referências bibliográficas.

A profusão de fotos contempla uma das características importantes de uma revista que é o apelo visual. Há uma foto de Machado quando jovem e várias mostrando sua residência no Cosme Velho, a mobília, a cidade do Rio de Janeiro, o Largo

Cidade do Rio de Janeiro

da Carioca, o velório e o cortejo fúnebre, dando uma ideia melhor sobre o local e a época vividos por Machado de Assis e seus personagens.

Os sites de onde as fotos foram pesquisadas não existem mais, ou não as veiculam mais, não sendo o caso de registrá--las aqui.

Cortejo de seu enterro saindo da igreja

c) RP Notícias

O grupo que produziu a revista *Rio Pequeno Notícias* deu uma abordagem diferente; procurou fazer uma revista não específica de literatura, veiculando notícias mais abrangentes sobre os acontecimentos do Brasil e do mundo, como a publicação do livro de Karl Marx, a construção do canal de Suez, o início de uma nova dinastia no Japão.

A morte de Brás Cubas aparece em sintética nota necrológica no corpo da revista, como é comum aparecer na imprensa escrita, mas é referida no editorial pela importância do fato.

Editorial
Nesta edição de nosso jornal *RP Notícias*, temos fatos muito importantes, como a abertura do Canal de Suez, temos também a chegada de *Das Kapital*, uma grande obra de Marx que passou por toda a Europa onde causou reboliço.
Mas, caros amigos, esta será uma das edições mais tristes do Brasil, pois morreu ontem um dos escritores do nosso país.
Agora peço a vocês um minuto de sua atenção em Memória de Brás Cubas.

Separaram as notícias em duas seções: Brasil e mundo. Poderiam ter enriquecido a revista com mais dados sobre os acontecimentos da época. Os alunos reconheceram que não conseguiram fechar a matéria em tempo hábil e a revista acabou ficando a desejar e sem uma revisão final. É o que ocorre em muitas publicações, algumas falhas acabam aparecendo devido à existência de prazos de fechamento.

Esse grupo, composto pelos alunos Ana Paula, Joel, Lilian e Paulo Kenji, tentou fazer publicidade de alguns produtos imaginando o que poderia ser mais adequado e qual a linguagem apropriada. Os *slogans*, simples, estão adequados aos produtos de uso popular que escolheram. Por exemplo:

Carroças Dubão, o melhor para seu peão. Venha conferir.
Conserta-se rodões de carroças... É só chegar... Rodão do Ronaldo.
Doa-se manga larga. Dirigir-se à rua dos Perdidos, 246.
Espingarda e trabuco? É na loja do Armando, o melhor.
Ferraduras de primeira linha... Venha ver aqui no ferreiro Fernando.
Fumo de corda e cachimbo, você acha... é na banca do Fumaça.

Aqui caberia um estudo mais aprofundado sobre a publicidade,[5] o que não aconteceu por falta de tempo.

Teatro[6]

Apesar de as alunas Aline e Michelle terem lido textos dramáticos, demonstraram muita dificuldade na transposição para o teatro porque se preocuparam em manter quase integralmente o texto original. Os textos re-escritos iniciais estavam mais próximos de roteiro de cinema ou novela porque não consideraram a dificuldade em harmonizar os diversos espaços e tempos. Uma coisa é a mente de Brás Cubas que recorda vários momentos diferentes, em *flash backs* cinematográficos, outra é transpor para o palco, de forma plausível, considerando espaço e tempo dramáticos.[7]

Após vários textos re-escritos (e dissidência de alguns alunos que resolveram optar por outra linguagem), o grupo percebeu que havia necessidade de alterar o texto original adequando-o para teatro, inserindo mais ação.

O texto ficou assim:

Teatro de Brás Cubas

1ª PARTE:
No interior do seu quarto Brás Cubas à frente do espelho, analisa suas vestes. (o pai do jovem entra)

Pai — Aonde você vai tão elegante assim, Brás?

---

5. Sobre esse assunto ler: Nagamini, Eliana, Televisão, publicidade e escola, in: Citelli, Adilson (Org.). *Aprender e ensinar com textos não-escolares*, São Paulo: Cortez, 1997.

6. Sobre esse assunto ler: Lapenda, Carla Diniz. Teatro: recurso lúdico e pedagógico, in: Citelli, Adilson (Org.). *Aprender e ensinar com textos não escolares*. São Paulo: Cortez, 1998.

7. Sobre a questão da adaptação de texto literário para teatro e para a televisão consultar: *Literatura, televisão, escola: estratégias para leitura de adaptações*, de Eliana Nagamini, op. cit.

Brás Cubas — Gostou?... Vou ao baile da primavera à procura de uma namorada. (risos)

Pai — Você realmente está muito bem, mas tome cuidado.

Brás Cubas — (saindo às pressas) Está bem. Deixe-me ir que estou atrasado. Tchau. (subindo na charrete)

Cocheiro — Para onde iremos, senhor?

Brás Cubas — Para o Roceiro Grande, onde está havendo um grande baile.

Cocheiro — (respira) O senhor está fortemente perfumado.

Brás Cubas — (com raiva e ansioso) Vamos, vamos, apenas faça o seu serviço que estou com pressa.

Cocheiro — O senhor está indo a uma festa onde encontrará damas muito bonitas e especiais, inclusive a dama mais bela da cidade.

Brás Cubas — (curioso, aproxima-se do cocheiro) A mais bela da cidade?

Cocheiro — Sim, escutaram que uma tal Marcela deixa os homens loucos. (rapidamente o cocheiro passa por uma pedra)

Brás Cubas — (bravo) Presta mais atenção na estrada e ande logo. Aliás, onde estamos?

Cocheiro — (cansado) Chegamos, senhor.

2ª PARTE:

Brás desce da charrete agitando sua roupa caminhando para a entrada da festa.

Brás Cubas — Uau! Todas damas são tão belas. Qual será Marcela? (impressiona-se com uma moça e seus olhos se encontram)

Marcela — (se aproxima de Brás) Segue-me.

Brás Cubas — (surpreso e encantado, ele a segue) Sou Brás Cubas. Qual é seu nome?

Marcela — (pega na mão dele) Você ainda não me conhece?

Brás Cubas — (lembra da conversa com o cocheiro) Já ouvi falar de você, Marcela, a mais linda das damas.

Marcela — E você concorda?

Brás Cubas — (aproxima-se do rosto de Marcela) Sim, a mais bela da cidade (dá um beijo em Marcela)

Marcela — Você é muito encantador. (voltam para o salão, minutos depois Brás vê Marcela com outro cara conversando. Com raiva resolve ir embora)

(já na charrete)

Cocheiro — Como foi a festa? Conheceu Marcela?

Brás Cubas — O que você acha? É lógico, além de conversar eu... (prefere não entrar em detalhes). Anda logo, eu estou cansado.

3ª PARTE:

Após três dias, na casa de Brás.

Tio — Brás, gostaria de ir a uma ceia de moças no cajueiro?

Brás Cubas — Quem está organizando esta ceia?

Tio — Marcela e suas amigas. Você a conhece?

Brás Cubas — (entusiasmado) Sim, eu a conheço, vamos logo.

Tio — (espantado) Nossa, por que a pressa?

Brás Cubas — Apenas quero encontrá-la.

Tio — (preocupado) Brás, Marcela morre de amor por Xavier.

Brás Cubas — (nervoso) E quem é esse tal?

Tio — Vamos chegar, lá você conhecerá. Na casa de Marcela.

Tio — É aquele ao lado dela que é Xavier.

Brás Cubas — (Brás se irrita)Vou beber alguma coisa.

Tio — Pode ir, Brás, e aproveite para conhecer alguma dama.

Brás Cubas — (ao pegar uma bebida Brás encontra Marcela sozinha) Oi, lembra-se de mim?

Marcela — Sim, como poderia esquecê-lo!

Brás Cubas — Quem é aquele cara? (aponta para Xavier)

Marcela — (aproxima-se ao ouvido de Brás e cochicha) Apenas um amigo.

Brás Cubas — (aliviado) Amanhã virei visitá-la, o que acha?

Marcela — Te espero às três horas. (se afasta)

4ª PARTE:

Já são namorados. Brás encontra-a várias vezes presenteando com joias e sedas caras.

Após várias visitas começam a brigar. Tudo começou com um passeio que fizeram.

Marcela — Olha, Brás, que colar lindo!

Brás Cubas — (disfarça, pois não tem dinheiro) Sim, é lindo.

Marcela — Oh, meu amor, não se preocupe. O nosso amor não precisa de tão vulgar estímulo.

Brás Cubas — Se você quiser eu...

Marcela — (interrompe) Não lhe perdoo, se você fizer de mim essa triste ideia.

Brás Cubas — Não pensa isso, minha querida.

Marcela — É que eu só queria ter uma lembrança sua. Tá vendo essa cruz? (tira a cruz dos seios)

Brás Cubas — O que tem essa cruz? Não foi seu pai que...

Marcela — Eu menti, mas calma, não seja desconfiado comigo... Amei outro; que importa se acabou? Um dia, quando nós nos separarmos...

Brás Cubas — (diz com autoridade e irritação) Não diga isso!

Marcela — Tudo isso, um dia...

Brás Cubas — (com os olhos úmidos) Nunca diga isso, meu amor.

Marcela — (abraça Brás) Eu te amo, nosso amor é eterno.

Brás Cubas — (puxa para dentro da loja) Por favor, quero aquele colar (aponta para a vendedora)

Marcela — (recebe o colar) Estou sem palavras, meu amor.

Brás Cubas — É para você lembrar de mim, quando nos separarmos.

Marcela — (sorri) Você é das arábias.

5ª PARTE:

Após uma semana, Brás se prepara para sair quando seu pai entra em seu quarto.

Pai — (autoritário) Brás, precisamos ter uma conversa séria.

Brás Cubas — (surpreso) Estou atrasado. Pode ser depois?

Pai — Não, senta, já adiamos muito esse assunto.

Brás Cubas — (com desprezo) Sim, senhor, pode falar.

Pai — Muito bem, meu filho, chegou a hora de você tomar um rumo na sua vida, do jeito que está não pode continuar.

Brás Cubas — E que jeito que está?

Pai — Ora, Brás, mas que pergunta. Você sabe muito bem o que você tem feito, e para mim isso não tem futuro.

Brás Cubas — Quem disse que estou pensando no futuro, estou ótimo com o meu presente.

Pai — Você não é mais criança para eu ficar atendendo os seus caprichos.

Brás Cubas — Tudo bem, o que o senhor quer que eu faça?

Pai — Eu quero que seja um homem sério e de respeito, pois daqui a dois dias partirá para a Europa, cursará uma universidade em Coimbra. Você entendeu?

Brás Cubas — (espantado) Por que não me avisou antes?

Pai — Para que, Brás, depois de tudo isso? (mostra as promissórias das joias que teve que pagar)

Brás Cubas — Não, meu pai, me desculpe, irei para Europa.

(Brás conta tudo para Marcela.)

Brás Cubas — (triste) Então, meu amor, você irá comigo?

Marcela — Não posso, não tenho boas recordações.

Brás Cubas — Por favor, vamos, arranjei recursos... Tenho dinheiro, terá tudo o que quiser... Olha, toma. (um colar de diamantes)

Marcela — É lindo. Você é doido, Brás.

Brás Cubas — Então você irá?

Marcela — (admirando o colar) Sim, eu irei.

No dia do embarque.

Brás Cubas — (nervoso) Onde será que ela está? (Marcela estava atrasada)

Realmente Marcela não apareceu. Brás partiu para Europa sozinho e decepcionado.

FIM

A proposta não era fazer uma adaptação de todo o romance. Como vemos, foram escolhidos os capítulos em que Brás se envolve com Marcela. O grupo conseguiu minimizar o papel do narrador, fazendo as personagens agirem e, em poucas ações, delinear o perfil de Marcela. Embora ainda mantendo diversos espaços — quarto de Brás Cubas, charrete, festa, casa de Brás Cubas, casa de Marcela, joalheria, novamente quarto e local de embarque — houve sensível melhora na delimitação espacial, podendo a peça até ser encenada, com um pouco de criatividade do cenógrafo.

Pesquisa e apresentação musical

Os alunos começaram a pesquisa, porém, dada a dificuldade de encontrar material, acabaram desistindo. Chegaram a algumas músicas como a ópera *O Guarani* de Carlos Gomes e o *Hino da Independência*. Foi contactado o professor de Educação Artística da escola vizinha, o professor Antonio Bombarda,[8] integrante do conjunto de Antônio Nóbrega. Em uma conversa preliminar, esclareceu ele que as músicas que se tocava na época eram as polcas, marchinhas e chorinhos e ressaltou a importância de Chiquinha Gonzaga como mulher e como compositora.

Paralelamente estávamos fazendo um levantamento de locais como o Museu da Imagem e do Som para aprofundar as pesquisas.

É uma pena que o grupo não tenha finalizado esse trabalho, pois os jovens, de modo geral, gostam de música e estaria contribuindo muito para a ampliação cultural da comunidade, indo além das músicas veiculadas pelas rádios. (Nota: além das músicas funks, como *Tapinha não dói*, em pleno sucesso na época e cantada pelos alunos.)

---

8. Antonio Bombarda é formado em música erudita, toca em rodas de choro e participou de apresentações com Evandro do Bandolim, Isaías e Chorões e Luís Nassif.

Radionovela

A radionovela,[9] tão ouvida na década de 60, hoje não faz parte do cotidiano da maioria das pessoas. Essa novela apresentava um número limitado de personagens, com vozes e características bem marcantes a fim de que os ouvintes/espectadores pudessem identificá-los somente pela audição e até mesmo pela dificuldade técnica da época, diferentemente da atual novela de televisão (as mais recentes envolvem tantos atores e tramas que é comum se constituírem verdadeiros núcleos de produção). Os alunos Amanda, Nádia e Thiago escreveram um texto para rádio, em que Brás Cubas se apresenta contando sua vida, não há participação de mais ninguém a não ser o apresentador, no início do programa. É possível que tenham se influenciado por uma adaptação teatral de *Memórias de um sargento de milícias* de Manuel Antônio de Almeida, encenada pelo Grupo Condoreiro de Teatro e assistida pelos alunos no decorrer do ano. Nessa adaptação, Leonardo Pataca passava pelo público e subia ao palco, fazendo a seguir sua apresentação, dizendo quem era e como seus pais tinham se conhecido. Depois eram apresentadas cenas envolvendo os demais personagens e a história se desenrolava, entremeada com relatos de acontecimentos envolvendo Leonardo, feitos por diferentes personagens. Na radionovela escrita pelos alunos faltou a participação dos demais personagens, o que tornaria a história mais dinâmica, e a execução de efeitos sonoros ou musicais que normalmente auxiliam na criação de ambiente.

Por falta de tempo, o roteiro não saiu do papel. Se houvesse uma apresentação para a classe é provável que as falhas e as qualidades se destacariam, servindo para uma reflexão do grupo e da classe.

---

9. *Bem-vindo Mr. McDonald*, filme dirigido por Koki Mitani, apresenta os bastidores da produção de uma radionovela. Há também versão em vídeo, encontrada em locadoras.

Tecnologia da informação[10]

Esse projeto "Relendo Machado de Assis", como o nome ressalta, procurou estimular os alunos à leitura de texto de Machado e vivenciar experiências que os aproximassem do autor e do Rio de Janeiro do século XIX — local e época em ele viveu. Ao mesmo tempo, visava a estabelecer diálogos entre literatura, outras linguagens e suas tecnologias. Na elaboração dos diversos trabalhos, os alunos puderam observar as características específicas de cada linguagem e as técnicas utilizadas, sobretudo, fizeram uso da tecnologia informática tanto para pesquisa como para finalização dos trabalhos escritos.

O uso do computador e da Internet ocorreu naturalmente. Alguns alunos começaram a pesquisar e elaborar o trabalho utilizando a tecnologia da informação e da comunicação (TIC), depois todos foram unânimes em finalizá-lo no computador, exceto o grupo que produziu HQ.

Além do conteúdo, merece destaque também a diagramação: título, texto em colunas, ilustração, diferentes famílias e tamanho de fontes — tudo foi planejado e executado com empenho.

Com o avanço tecnológico, há constante produção e divulgação de novos conhecimentos. Esse fato altera o papel da escola, cuja importância não se baseia apenas na transmissão de conhecimentos, é preciso que o aluno saiba o que fazer com tanta informação a que é exposto. Segundo Nelly Novaes Coelho, "a formação educativa que se vem impondo como a mais adequada ao conhecimento do mundo hoje é a que procura articular entre si determinadas áreas de saber, de maneira que cada uma ilumine as outras e seja, por sua vez, iluminada por elas. Adquirir cultura (saberes essenciais) não significa *acumular conhecimentos*, mas sim *organizá-los* em torno de eixos de ideias,

---

10. Sobre esse assunto ler: Ferreira, Jairo. Sociedade informática e educação. In: Citelli, Adilson. *Outras linguagens na escola*, São Paulo: Cortez, 2000.

em um determinado contexto que seja significativo para o sujeito... nenhum saber tem valia, por mais sofisticado que seja, isto é, se não provoca no sujeito o dinamismo interno que o levaria a interagir com outros saberes e ampliar o conhecimento inicial ou transformá-lo".[11] A tecnologia da informação, nesse caso, foi bem utilizada como uma ferramenta dinâmica, auxiliando o trabalho em várias etapas, com propósito definido.

O projeto "Relendo Machado de Assis" vem, de certa forma, confirmar a proposta dessa autora de que a literatura "poderia ser o eixo organizador de determinadas unidades de estudo — uma espécie de fio de Ariadne que poderia indicar caminhos, não para sairmos do *labirinto*, mas para conseguirmos transformá-lo em *vias comunicantes* que a concepção de mundo atual exige". O romance *Memórias póstumas de Brás Cubas* constituiu-se no eixo organizador dos diversos conhecimentos, articulando as diversas áreas do saber, produzindo novas releituras deste texto clássico.

---

11. Coelho, Nelly Novaes. *Literatura: arte, conhecimento e vida.* São Paulo: Petrópolis, 2000, p. 25

Anexo II

"Casos especiais" — TV Globo

A TV Globo apresentava, na década de 70, em sua programação semanal, os "Casos Especiais", narrativas interessantes cujos personagens eram interpretados por artistas renomados, sob a direção de importantes diretores como Paulo José e a supervisão experiente de Ziembinski. Osman Lins escreveu três deles: *A ilha no espaço*, *Quem era Shirley Temple?* e *Marcha fúnebre*.

A presença desse Anexo aqui se justifica no sentido de recuperar, ainda que minimamente, essa produção televisiva de tão alta qualidade, pois, infelizmente, ela não está mais disponível ao público.

As informações são baseadas nos Boletins de Programação da Rede Globo.

A ilha no espaço

>Caso Especial: Cécil Thiré em *A ilha no espaço*[1]
>Original de Osman Lins
>Direção de Cassiano Gabus Mendes
>Data: 30 de julho de 1975

---

1. Boletim de Programação da Rede Globo n. 132, Rio de Janeiro, 19 a 25 jul. 1975.

Horário: 21 horas

Trilha sonora do maestro Júlio Medaglia

Reapresentado na Sexta Super, dia 13 de janeiro de 1976, às 20 h 55 m

O personagem principal é Cláudio Arantes, bancário, casado e pai de duas filhas adolescentes. A aquisição de um apartamento concretizaria seu sonho de ascensão social, porém suas dívidas começam a miná-lo. Para agravar, no conjunto residencial onde passa a morar, acontecem mortes estranhas e inexplicáveis. Os moradores dos prédios vão abandonando seus lares. Ele fica cada vez mais isolado, sua família vai embora mas ele permanece irredutível, determinado a receber o prêmio pela permanência oferecido pelos vendedores. No final, ninguém mais encontra Arantes, transformado em novo mistério.

Osman Lins explica:

— *A ilha no espaço* pode parecer superficialmente uma história policial, mas representa o isolamento gradativo do homem em relação aos demais. A ilha primeira é o conjunto habitacional afastado de tudo, isolado da cidade. Essa solidão evolui com o afastamento de Arantes, que chega a habitar sozinho o prédio imenso, até o ponto em que ele desaparece como indivíduo.

— A classe média é a que conheço mais, pois tenho vivência de homem da classe média. A escolha de um bancário para o papel principal foi condicionada a exigência de natureza técnica e econômica. Dentro da história, o personagem deveria ser um homem sem condições de fugir a um determinado enquadramento, mas ao mesmo tempo com uma situação que lhe permitisse comprar o apartamento, o que seria impossível para um que não tivesse essa condição financeira. O problema da solidão humana é mais sensível na classe média pelas suas aspirações econômicas, que acabam se transformando em angústias existenciais. Um homem comum tem como dilema maior a sua sobrevivência. Ele não tem tempo para se embaraçar em conflitos existenciais.

Direção: Cassiano Gabus Mendes
Produção: Moacir Deriquem e Paulo Resende

Em sua estreia na Rede Globo, Cassiano Gabus Mendes, além de assumir a supervisão geral dos "Casos Especiais", foi o responsável pela direção de *A ilha no espaço*, fazendo ainda uma pequena adaptação do texto para uma linguagem de televisão.

"*A ilha no espaço* é de Osman Lins. Meu trabalho foi apenas o de encurtar algumas cenas devido ao tempo do programa e dar ao texto uma linguagem mais adequada à televisão, já que Osman tem uma linguagem mais literária, "diz Cassiano". A história, embora dentro de um clima policial, faz uma análise da classe média, contida por um enquadramento econômico que não se abala nem mesmo diante da morte. É o caso de Arantes que, pelas dívidas assumidas para a compra da casa própria passa a conduzir sua vida em torno disso. A direção foi a mais simples, dentro do meu estilo de trabalho. Determinadas cenas foram mais trabalhadas, como a conversa de Arantes com o pássaro, que se transforma em sua única companhia na solidão".

Produzido por Moacir Deriquem e Paulo Resende, o "Caso Especial" de julho teve a maior parte de suas cenas gravada em estúdio.

"A produção de *A ilha no espaço* foi uma das mais simples, pelo número reduzido de externas", diz Moacir Deriquem. "Apenas uma cena noturna exigiu um cuidado especial, com a colaboração do Serviço de Salvamento do Corpo de Bombeiros para a dublagem do personagem interpretado por Cécil Thiré".

"Embora a ideia de *A ilha no espaço* tenha sido baseada em um edifício de Pernambuco localizado fora da cidade, em total isolamento, a história não situa a ação em um determinado lugar. As cenas externas, da fachada do prédio e da garagem, foram gravadas em um conjunto residencial da Rua Conde de Bonfim, na Tijuca".

Personagens e elenco

Arantes (Cécil Thiré): bancário, 45 anos. As exigências da família e suas próprias aspirações de ascensão o levam a dívidas sempre maiores. A situação financeira se agrava com a compra de um apartamento, e mesmo as estranhas e frequentes mortes ocorridas no prédio não o afastam da casa. Sua obstinação o transforma no único morador do Edifício Dolores, pois até a família o abandona. Pela promessa de receber de volta o valor do imóvel, ele se dispões a enfrentar a morte e a solidão.

Dionízia (Regina Vianna): esposa de Arantes. Pressiona o marido a aceitar a proposta de permanecer no edifício, mas se refugia na casa da mãe junto com as filhas, esperando que Arantes cumpra o tempo exigido pelos proprietários do prédio, mas se revolta quando o marido desaparece.

Filhas (Elizângela e Tessy Callado): apoiam a atitude da mãe, preocupadas mais com suas próprias vidas do que com a situação da família.

Sogros (Suzy Arruda e Antônio Victor): pais de Dionízia, que a recebem em casa quando o edifício começa a ser abandonado. Profundamente interessados na situação financeira da família, sugerem sempre as soluções que possam ter recompensas materiais, como a permanência de Arantes no prédio e a venda do apartamento quando o genro desaparece.

Comendador (Sérgio Britto): síndico do Edifício Dolores, não acredita que as sucessivas mortes tenham qualquer caráter misterioso, mas que elas são consequência de uma epidemia ainda desconhecida.

Secretário (Lutero Luís): encarregado das investigações sobre as ocorrências do prédio, chega a admitir várias hipóteses, entre elas a poluição e a intervenção extraterrena.

Sócios (Edson França, Felipe Wagner e Nélson Dantas): proprietários do conjunto residencial, procuram desesperadamente salvar a reputação do edifício, propondo a Arantes um novo contrato pelo qual o bancário receberá o apartamento grátis, caso resista ao isolamento.

Condôminos (Rogério Froes, Rui Rezende, Ferreira Leite, Luiz de França e Luiz Carlos Nino).

Bancários (Roberto Bonfim, Marcelo Pichi e Haroldo de Oliveira).

Quem era Shirley Temple?

Quarta Nobre
Caso Especial: Dina Sfat em *Quem era Shirley Temple?*[2]
Original de Osman Lins
Direção de Paulo José
Trilha sonora do maestro Júlio Medaglia
Data: 1 de dezembro de 1976
Horário: 21 horas
A cores

Diariamente milhares de pessoas em todo o mundo se sentem marginalizadas devido ao preconceito e intolerância de uma grande maioria contra a altura, a gordura ou mesmo defeitos físicos. Em uma cidade do interior, Shirley, que recebeu seu nome em homenagem a um dos maiores ídolos do cinema — Shirley Temple — se sente cada vez mais solitária. Com 1,90 m de altura, poucos a conhecem pelo nome, sabem apenas que é a Cegonha, apelido que carrega desde a infância e agora se espalhou devido às suas excelentes atuações na equipe de basquete local.

"Desde a escola muitos sofrem este tipo de problema", explica Paulo José, diretor de Quem era Shirley Temple?, "mas

---

2. Boletim de Programação da Rede Globo n. 202, Rio de Janeiro, 20 a 26 nov. 1976.

os outros dificilmente percebem. São os 'Bolinhas', 'Tampinhas' e 'Baixinhos', sempre machucados e obrigados a sofrer sozinhos. Este Especial é uma história lírica e mostra uma pessoa — Shirley — otimista, com uma atitude positiva em relação à vida e que, apesar de sua solidão, parte à procura do amor".

Shirley Temple

Cansada de ser chamada de Cegonha, Shirley decide abandonar o basquete, onde não consegue mais vibrar com suas cestas e vitórias, mas seus problemas se agravam quando é atraída pelo namorado, que some com todo o seu dinheiro depois de dizer que precisava da quantia para abrir uma loja na cidade. Sem o apoio dos pais, que não conseguem entender os motivos que levaram sua filha a se transformar em uma pessoa cada dia mais fechada, ela parte para São Paulo, onde espera esquecer o passado e encontrar pessoas mais abertas, que não encarem sua altura como coisa anormal.

Apesar de suas qualidades profissionais — boa datilógrafa, poliglota, boa aparência etc. — Shirley não consegue emprego e cada dia que passa sua angústia aumenta. Mesmo os amigos, ela acaba descobrindo que fazem piadas sobre sua altura, principalmente quando descobrem que seu nome é uma homenagem a Shirley Temple e passam a compará-la com a pequena atriz.

"Aí", explica Paulo José, "surge também outro preconceito. O machismo. O homem quer ser superior até na altura, guardar uma imagem de superioridade física e, até mesmo quando ela procura emprego, o patrão não admite uma secretária, uma subordinada, que seja superior a ele em qualquer coisa".

O único companheiro de Shirley, durante toda a história, é seu violoncelo, que, como ela, procura um parceiro.

"O celo tem uma beleza muito própria", explica Paulo José. "Enquanto o violino, por exemplo, pode se apresentar sozinho, o som do celo parece que precisa de um parceiro. No final desta história musical, que corre paralela à história de Shirley, o celo acaba encontrando um pistom, em uma união que não é comum. A trilha musical, preparada por Júlio Medaglia, é um dos pontos importantes de Quem era Shirley Temple?, aproveitando principalmente esta característica do celo".

Direção e edição

Todas as cenas de Quem era Shirley Temple? foram gravadas com uma câmera portátil Ikegami que possibilitou uma grande liberdade no processo de realização. Por outro lado, foi necessário um longo trabalho de edição — mais de 50 horas — já que foram realizados aproximadamente 500 *takes* e, além de juntar as imagens, era preciso um trabalho constante da técnica de equalização de imagem e áudio de uma fita para outra.

"*Shirley Temple*", diz Paulo José, "é um tipo de história e narrativa de espetáculo que eu nunca havia feito. Acredito que consegui um resultado bom, bastante popular e comunicativo. Procurei trabalhar com cenas curtas, muitos cortes, ação descontínua, uma linguagem que aproxima muito da publicidade. Sempre que possível, busquei passar informações diferentes pelo áudio e pelo vídeo, economizando o tempo. Somente as cenas onde cresce o clima dramático permaneceram mais longas".

A produção

Todas as cenas da cidade do interior de Quem era Shirley Temple? foram gravadas em Cruzeiro, Estado de São Paulo. Além da colaboração da Prefeitura local, que forneceu todas as facilidades para a movimentação da equipe técnica e atores, a produção teve de providenciar praticáveis para realçar a altura da atriz Dina Sfat, em algumas cenas. Também foi preparado um sapato de salto alto de 18 cm para se conseguir o 1,90 m do personagem Shirley. Atores de estatura média e baixa foram escolhidos para os papéis restantes, possibilitando um contraste maior entre as alturas dos personagens.

A cidade de São Paulo serviu como cenário para as externas, realizadas inclusive na Estação Rodoviária. Os interiores foram gravados no Rio de Janeiro utilizando, além de praticáveis, alguns móveis especialmente feitos para *Quem era Shirley Temple?*, de acordo com a altura dos personagens.

Elenco
Shirley — Dina Sfat
Técnico — Lajar Muzuris
Albano — Osmar Prado
Pai — Ítalo Rossi
Mãe — Gessy Fonseca
Recepcionista — Margot Baird
Chefe — Angelito Mellp
Homem — Miguel Oniga
Candinho — Zé Preá
Músico — Grande Otelo

Ficha técnica
Supervisão geral — Ziembinsky
Direção — Paulo José
Produção — Luiz Nardini
Cenários — José Dias
Figurinos — Fabian
Assistente de produção e estúdio — Newton Gouveia
Arte e pesquisa — Lélia Braga
Continuidade — Eugênia Lopes
VR — Jorge Capeta

Marcha fúnebre

Sexta Super
Caso Especial: Tereza Raquel em *Marcha fúnebre*[3]
Original de Osman Lins
Direção de Sérgio Britto
Direção musical de Otávio Augusto
Data: 4 de novembro de 1977
Horário: 20 h 55 m

Apesar de 1990, os mesmos problemas: guerras, violência, drogas, crimes. A crescente concentração de riquezas não permite uma igualdade entre as pessoas, nem mesmo após a morte. A expansão imobiliária que atinge e modifica os cemitérios, transformados em campos rotativos com gavetas. A solenidade da morte e a honra do corpo sendo agredidas por questões financeiras e administrativas. A indústria da morte definitivamente instalada e bem-sucedida. É o que retrata *Marcha fúnebre*.

Marcha fúnebre se concentra em dois personagens, mãe e filho:

> SELENE — Comparei os dois jornais, o de 1977 e o de ontem. Quer dizer: foi como se comparasse o mundo atual com o de 13 anos atrás. Pude examinar as mudanças. São muitas. Tanto no jornal de 1977 como no de 1990 havia inundações. Mas eram em lugares diferentes. Os dois jornais trazem notícias de guerra. Mas os países em guerra são outros. O consumo de drogas continua preocupando as autoridades. Mas as drogas têm nomes completamente diferentes. A inflação continua. Sabe o

---

3. Boletim de Programação da Rede Globo n. 251, Rio de Janeiro, out. 29 a nov. 1977.

que me parece o mundo? A mesma peça, mas com nova roupagem.

O personagem da mãe será interpretado por Tereza Raquel, uma atriz de rosto bastante conhecido — exigência do autor — para que o público a reconheça em seus vários disfarces. Selene é uma atriz aposentada que mora só com o filho e morre logo no início da história. Mesmo depois da morte, persegue o seu desejo de conseguir um lugar digno para ser enterrada. Em seus diálogos com o filho, aparece vestida de Dama das Camélias, como um personagem de Tchekov, e comanda o seu próprio funeral vestida de Joana D'Arc.

> TARCÍSIO — Mamãe tinha horror à falta de respeito pelo corpo. Ela viveu o próprio corpo. O corpo, para ela, era uma coisa que merecia honras. Ela dizia que o corpo era como um estandarte de batalhas perdidas e vencidas, e não podia ser jogado por aí. Consegue ou não o terreno?

Interpretado por Diogo Vilela, o personagem do filho terá algo de arrebatado, inocente, mas ao mesmo tempo, duro. Fica encarregado do enterro da mãe e todas as providências tomadas vêm provocar sua maturidade. O enterro da mãe simboliza o fim de sua adolescência.

Transcendental e social

Durante todo o desenrolar de *Marcha fúnebre*, a morte estará em pauta. O lado metafísico com o estritamente material. Através dessa união, Osman Lins encontra o caminho para questionar o lado social das coisas. Diz ele:

— Claro que sou um escritor preocupado com o social. Não faço literatura política. Tento fundir o transcendental com o social. De certa forma, através desses dois lados, exprimo minhas preocupações.

Toda ideia do "Especial" gira em torno da honra do corpo, e a história resulta de observações feitas pelo autor, em uma cidade como São Paulo, onde as pessoas ficam desesperadas diante da morte. Não tanto do ponto de vista metafísico, mas do lado da indústria que a morte já representa. Como conseguir um túmulo? Onde enterrar? Uma inquietação constante entre os vivos.

— Há uma linha de menosprezo pelo corpo, que vem dos campos de concentração nazistas e que chega até às revistas obscenas. Estas não honram o corpo. Elas têm uma visão degradada, completamente diferente daquela que o amante tem da pessoa que ama. Não se deve esquecer também as violências escritas sobre o corpo e a mente pelos regimes de opressão. E é por um enterro digno e por um túmulo permanente que os protagonistas de *Marcha fúnebre* lutam no sentido de valorização do corpo, que deve ser dignificado pelo simples fato de ser humano.[4]

Para escrever o "Especial", Osman Lins fez uma pequena pesquisa. Entrevistou o diretor do Serviço Funerário de São Paulo. Realizou um levantamento nos jornais e revistas. Conversou com pessoas que habitam os cemitérios e também com prostitutas que fazem a vida nos próprios cemitérios. No entanto, o dado mais importante foi a constatação dos intermediários de túmulos. Os atravessadores da morte, que localizam os túmulos pertencentes a famílias necessitadas e os adquirem por uma quantia insignificante, para depois revendê-los a pessoas ricas, pois nos cemitérios os espaços são limitados. Esteve também no Crematório Municipal e visitou firmas que fazem enterros como o cliente deseja.

Nos preparativos para os funerais de Selene:

---

4. Duas obras recentes abordam diretamente a questão da morte e o (des)respeito pelo corpo: o filme *Zuzu Angel* com direção de Sérgio Rezende e produção de Joaquim Vaz de Carvalho e o livro *As intermitências da morte*, de José Saramago, Companhia da Letras.

FUNCIONÁRIO — Oferecemos alternativas para todas as bolsas. Por exemplo, quatro classes de ornamentação de câmaras fúnebres. E quatro tipos de transportes para os mortos. Não seria lógico nem justo ver um cliente que transitou em carros luxuosos, fazer a última viagem em um transporte inexpressivo. Não. A morte, absolutamente não iguala.

TARCÍSIO — O senhor acha?

FUNCIONÁRIO — A instituição acha. E se o nosso leque de opções já é amplo no que diz respeito aos itens condução e ornamentação, chega a requintes que ninguém imagina quando se trata dos tipos de sepultamento. Temos: popular, especial, médio, luxo um, luxo dois, luxo três, luxo quatro, luxo cinco e o superluxo.

O enterro de Selene (Tereza Raquel) é luxo três. Para a realização da cena, a produção de "Caso Especial" utilizou 140 figurantes, e tudo foi feito em um clima apoteótico e surreal. É o grande momento para o qual caminha a história. Montada em um cavalo branco, a morta abre o desfile, vestida como Joana D'Arc, e se faz acompanhar pelos tipos mais estranhos a um funeral. Além do filho, parentes e amigos, seguem também sete motoqueiros, ambulantes, vendedores de cestas de vime, de algodão doce, de balões, de sacos de espuma de borracha picada, de corrupios. Um amolador de tesouras, o homem do periquito e seu realejo, e operários que estão trabalhando na rua interrompem seus afazeres para acompanhar o cortejo. No enterro, no entanto, não se limita apenas a essas figuras. Serão introduzidos flagrantes surrealistas que darão maior grandiosidade ao acontecimento. Crianças e tigres olhando por trás das vidraças ou ainda leões andando por cima de telhados. Para as cenas do funeral foram necessários dois dias de trabalho, e as gravações foram no Açude da Solidão, na Floresta da Tijuca, no Rio. As cenas de moto foram na Avenida Sernambetiba, também no Rio.

No total, a gravação de *Marcha fúnebre* levou sete dias, com tomadas especiais em São Paulo, no gabinete do Prefeito, no cemitério da Consolação, Parque do Ibirapuera, no Simbad Safári e ruas da cidade.

Para o supervisor do Núcleo de "Casos Especiais", Ziembinsky, a realização de *Marcha fúnebre* atingiu plenamente os objetivos propostos, focalizando o problema da indústria da morte.

— Sabemos que o ser humano encontra muitas dificuldades, hoje, de sobreviver. Especialmente os seres não muito favorecidos pelo poder financeiro. Então, esses mesmos seres que penam durante a vida ou levam uma vida bastante modesta, começam, após a morte, a enfrentar outro problema, que é o da dificuldade do espaço onde enterrar, proveniente também tanto do poder financeiro quanto do administrativo. Essa colocação permitiu ao autor Osman Lins a elaboração de um texto crítico e até certo ponto satírico, e que recorre, no final, a um mundo irreal da poesia ou fantasia. Acredito que esse tipo de colocação do problema dentro de um programa de televisão poderá causar o interesse humano e artístico, atingindo, ao mesmo tempo, um problema ao qual nós estamos ou seremos expostos.

Elenco e personagens

Selene — Tereza Raquel

Tarcísio — Diogo Vilela

Celeste — Sura Berditchevsky

Moça da funerária — Fabíola Fracarole

Homem do estacionamento — Wilson Grey

Ex-atriz — Zélia Hoffman

Galã — Francisco Di Franco

Colega de Tarcísio — Paulo Paraná

Milionário — Fred Villar
Homem da funerária — Isaac Bardavid
Prefeito — Alberto Murotaka

Ficha técnica
Direção — Sérgio Brito
Produção — Nilton Cupello
Coordenação de produção — Maria Carmem
Assistente de produção e estúdio — Nilton Gouveia
Direção de arte — Lélia Fraga
Continuísta — Edna Torquato
Auxiliar de produção — Sérgio Penido
Figurinos — Di Menezes
Maquiagem — Marlene Wong
Supervisão de unidade móvel — Guassalin Nagen e Ivo Soares
Unidade portátil — José Mário
Sonoplastia — Paulo Ribeiro
Direção musical — Otávio Augusto

▶ APRENDER E ENSINAR COM TEXTOS NÃO ESCOLARES

Coordenador: Adilson Citelli

Textos de: Adilson Citelli • Eliana Nagamini • Patrícia Montezano • Fernando Viana • Inaray da Silva • Luciano Toriello • Kazuko Kojima Higuchi • Carla Lapenda • José Luiz Miranda

5ª edição (2002)
200 páginas / ISBN 85-249-0638-3

Este livro pretende refletir as relações existentes entre a escola e alguns meios de comunicação, bem como responder a uma perguntar central: as linguagens consideradas como formalmente não escolares — aquelas que não dizem respeito diretamente ao discurso pedagógico — circulam pela sala da aula?

COLEÇÃO APRENDER E ENSINAR COM TEXTOS
Coord. Geral: Adilson Citelli • Ligia Chiappini
VOLUME 3

▶ OUTRAS LINGUAGENS NA ESCOLA:
Publicidade / Cinema e TV / Rádio / Jogos / Informática

Coordenador: Adilson Citelli

Estudos de: Adilson Citelli • Eliana Nagamini • Salete T. de Almeida Silva • Inaray Joana da Silva • Kazuko Kojima Higuchi • Jairo Ferreira

4ª edição (2004)
256 páginas / ISBN 85-249-0729-0

Esta obra estuda e propõe alternativas para as atividades escolares a partir das linguagens dos meios de comunicação e das novas tecnologias. Aqui os professores encontrarão estudos que buscam a compreensão dos principais mecanismos historicamente desenvolvidos pela linguagem do rádio, da tevê, do computador, da publicidade, do cinema, do desenho animado e até do RPG.

COLEÇÃO APRENDER E ENSINAR COM TEXTOS
Coord. Geral: Adilson Citelli • Ligia Chiappini
VOLUME 6

▶ APRENDER E ENSINAR COM TEXTOS DIDÁTICOS E PARADIDÁTICOS

Coordenadoras: Helena Brandão
• Guaraciaba Micheletti

Textos de: Ana Claúdia da Silva
• Magali E. Sparano • Maria Stella Cerri • Rosemeire Carbonari
• Marcela Cristina Evaristo
• Ana Elvira Gebara • Ana Maria Yasuda • Maria José Ciccone Teixeira

5ª edição (2007)
208 páginas / ISBN 978-85-249-0637-4

O leitor criativo não é apenas um decifrador de sinais, um decodificador da palavra. Busca na compreensão do texto, dialogando com ele, recriando sentidos implícitos, fazendo referências, estabelecendo relações mobilizando seus conhecimentos para dar coerência às possibilidades significativas do texto.

COLEÇÃO APRENDER E ENSINAR COM TEXTOS
Coord. Geral: Adilson Citelli • Ligia Chiappini
VOLUME 2

▶ LITERATURA, TELEVISÃO, ESCOLA:
estratégias para leitura de adaptações

• **ELIANA NAGAMINI**

1ª edição (2004)
216 páginas / ISBN 85-249-0975-7

LEIA TAMBÉM

As relações entre Literatura, Televisão e Escola são discutidas a partir da leitura do processo de transposição de obras literárias para a televisão. O objetivo deste estudo é fornecer subsídios para o professor desenvolver um trabalho didático-pedagógico utilizando as adaptações de textos literários, exibidas pelas TV. As estratégias de leitura apresentam caminhos diferentes de acordo com as relações entre a obra original e o texto adaptado.

COLEÇÃO APRENDER E ENSINAR COM TEXTOS
Coord. Geral: Adilson Citelli • Ligia Chiappini
VOLUME 11